花之忠臣藏

[日]野口武彦

花の忠臣蔵

张秀梅 译

社会科学文献出版社
SOCIAL SCIENCES ACADEMIC PRESS (CHINA)

凡　例

·本书主要使用日本年号纪年，并根据需要适当标注公历年份。

·改元当年发生的事项，不再按改元后的年号逆推表示。

·年龄原则上为虚岁。

·引用资料原则上使用白话译文，并尽量注明出处。大段引用（包括概括性引用）的文字前后各空一行，开头空两格。

·除特别说明外，引用资料中的（　）均为作者所加的注释。

·人名有时直接引用相关史料中的写法，因此可能会有前后不统一的情况。

·大名的名讳常有变化，本书中所采用的基本为最终名讳。

·对江户时代的藩名，基本都与其所在地区名一起列出（如“安艺广岛藩”等），但也有例外。

·本书为新作，但在事件经过描述及所涉史料方面，难免与《忠臣藏——赤穗事件·史实的呐喊》（『忠臣蔵——赤穂事件·史実の肉声』，筑摩新书，后改称“筑摩学艺文库”）有部分重复（见“略长的后记”）。

纵观整个德川时代，再没有人能像德川纲吉那样，得以尽情享受幕府业已贯彻到全国各地的法令制度所带来的权力。但恐怕也很少有统治者像他那样，统治着一群如此贫穷的旗本。在纲吉当政的元禄时期，商人的势力急剧壮大，在社会生活中发挥着极为重要的作用。其势头之旺令荻生徂徕也不禁惊叹此乃“开天辟地以来，异国既无、日本亦无之事也”（《政谈》）。在政治决策上处于社会最底层的商人，在日常生活方面却掌握了全部实权——元禄便是这样一个时代。

（小林秀雄「忠臣蔵Ⅱ」『考へるヒント』）

目　录

第四章　赤穗浅野家的危机

第五章　主家灭亡

第六章　全体潜入江户！

第七章　攻打吉良府

第八章　元禄的终结

第一章　元禄之春

1　坎普福尔眼中的景象

从海上看到的赤穗城

天守阁[1]的墙壁白得耀眼。

这座城堡与他在漫长旅途中一路看到的几座城堡大异其趣。诸如佐贺城、久留米城、小仓城，皆是规模宏大，石墙或者土墙、望楼、护城河等也都气势非凡。这座城堡与九州大藩[2]的城堡比起来，的确规模较小，但那沐浴在午后阳光中的白色城墙，却令坎普福尔感觉到一股扶摇直

---

① 耸立于城堡中央的望楼。本书中所有脚注均为译者注，后文不再另做说明。

② 日本江户时代大名（诸侯）的领地称作“藩”。

上的精悍之气，他心中不由暗暗称奇。

这一天是元禄四年一月二十四日。

换算成公历则是 1691 年 2 月 21 日，但接下来的事情全都发生在日本的土地上，所以我们的故事将统一使用日本纪年来讲述。

一艘帆船的甲板上伫立着一名西洋男子，他正凝神眺望着前方越来越近的陆地上的一座城堡。这艘船沿着濑户内海航线，正行驶到播磨海岸附近。男子凝视着的便是播州赤穗城[①]。

男子名叫恩格尔伯特·坎普福尔（Engelbert Kaempher），来自德国，是博物学家兼旅行家。如果说到在日本颇有名气的《锁国论》，诸位应该不陌生吧。《锁国论》正是出自坎普福尔所著的《日本志》一书。彼时坎普福尔还是荷兰东印度公司的一名雇员，在长崎的荷兰商馆担任医生一职。这一年，商馆馆长按惯例对将军进行礼节性访问，他也同行前往江户[②]。

从长崎到江户路途遥远，需耗时整整一月，并且要经过三段不同的旅程:[③] 先从长崎到小仓，走的是九州西海

① 位于兵库县西南部。

② 现东京。

③ 作者在此处省略了从小仓到下关的一段路。小仓位于现福冈县北端，下关位于现山口县西端，二者间路程很短，现在乘坐电车只需十几分钟便可到达。

道的陆路；再从下关到大坂，走的是濑户内海的水路；最后从大坂到江户，走东海道的陆路。

坎普福尔一行于一月十六日从长崎出发前往下关，二十四日天一亮便换乘帆船从下关启程，沿着濑户内海平稳的海路，穿行在众多岛屿之间，与许多帆船交会而过，此时似乎航行到备前、播磨（现冈山县和兵库县交界处）一带，可以看到沿岸静静地坐落着日比、牛窗等一些村落。不久，一座造型优美的城堡映入眼帘，其天守阁和角楼尤为引人注目。据说那就是赤穗城，住的是一位藩领五万三千石①的小身大名②，名叫浅野内匠头。

坎普福尔在九州见过的大城均以大藩的实力作为后盾，例如佐贺藩领有三十五万石，久留美藩领有二十一万石，小仓藩领有十五万石。当然坎普福尔并不了解赤穗藩的发展历史和实力状况，也不会预见到其领主将在十年后掀起一场狂风巨浪，但这位旅行家确实看到了一些与众不同之处。赤穗的海乍一看不过是片浑浊的泥水，海滩平浅，不适合停泊大型商船。也就是说，这里的地形并不适合修建贸易港口。

尽管如此，此藩却似乎颇具实力。单从远处看城堡的外观，便使人感觉到这一点。以区区五万石俸禄，能造出

---

① 日本江户时代俸禄的单位，1 石约合 1.8 升。

② 日本江户时代，由将军直辖、俸禄在一万石以上的领主被称为大名，其中身份较低、俸禄较少者被称作小身大名。

这等气势的城堡，定然是拼尽了全力。但也正因如此，高高耸立的城堡散发出一种张扬的霸气。

坎普福尔原本是个旅行家——荷兰东印度公司之所以雇用他，正是看中了他的这一点——来日本之前曾长期游历俄国、波斯、巴达维亚（印尼首都雅加达的旧称）、暹罗（泰国旧称）等地，练就了一双火眼金睛，能洞悉一国之国力强弱，甚至可以从所见所闻中预测尚未发生的事情，可谓具有非凡的想象力。此时此刻，坎普福尔还不知道这个藩将成为一颗火种，在十年后引发震撼整个日本的大事件，但他的确预感到这个藩拥有成就一番伟业的潜力。

室津的游女

是日，坎普福尔一行又向东航行了七日里（约 28 公里），在室津上了岸。室津港恰巧位于赤穗和姬路两地的中间，就是现在的龙野市御津町室津码头。从山阳本线的龙野站出来往南走，就会来到播磨滩海边的一处海角，室津码头便位于这个海角（名为“藻振鼻”）的尖端附近向西展开的海湾上。它是濑户内海航线上一处有名的待风港，在江户时代，从九州地区前往江户参勤交代[①]的大名

① 日本江户时代，幕府为避免大名力量过强而实施的一种制度，原则上大名一年生活在领地，一年生活在江户，以每年四月为交接期。

在此弃船登陆已成为惯例。

上岸来，只见街市繁华，酿酒作坊的酒窖十分惹眼，还有熙熙攘攘的澡堂。商铺之繁盛及路人之行为风貌，令人一望便知这个港口小镇的民力之富庶。再看室津的烟花巷，那里有着厚重的大门和格子窗，使人感到岁月的积淀。

播州的室津，自古便是有名的烟花之地。室津的游女被称作“室君”，从“君”字所带有的尊敬之意中，可以感受到其原初的神秘色彩。从巫女信仰和卖淫行为尚未分化的古昔开始，室津湾始终与幽暗隐晦的民间传说交织在一起。从民俗学家中山太郎所说的“巫娼”时代到后来的“游女”时代，在漫长的年代里，这里始终是对男人们有着巨大吸引力的、通向另一个世界的入口。

岸边聚集了很多游女，她们“成群结队地划着小舟来到旅人船边，自荐枕席”——这是平安时代后期的文人大江匡房在其《游女记》中所描绘的情景。这些水边游女的前身已不可考，有人说也许是现存于室津港的室津贺茂神社的巫女，但年代久远，其起源早已被遗忘。自江户时代元和元年（1615）将此地定为九州大名参勤交代的必经之路后，室津便成为一个寻常的烟花之地，过去种种只余下传说而已。

如何结账？

二月二十一日傍晚时分，一个打扮怪异的洋人男子伫立在一家妓院的镂空木格窗前。廊下灯笼昏暗的光照亮了这个不同寻常的身影。他头戴黑色宽檐帽，把帽檐压得很低，上穿笔挺的蓝色及腰礼服，下穿及膝短裤和白色长袜，一双蓝色眼睛充满好奇，兴致勃勃地打量着窗内浓妆艳抹的女子们。格子窗内，游女们个个打扮得花枝招展，在烛光映照下端坐着，表面上不动声色，心中却不肯输了气势，纷纷对窗外这位打扮怪异的嫖客回敬以毫不掩饰的好奇目光。

路上的行人步履轻快、行动敏捷，这座烟花小镇的街景也不像以往在欧洲或亚洲大陆所见的那些烟花柳巷那样贫穷破败，而是透出一股子传承这个“世界上最古老的职业”的自豪感。

洋人原本是不得独自随意外出的，但这个人趁着管事的不注意偷偷溜了出来，还花言巧语哄得长崎通词（翻译）与他一同到这烟花柳巷来一探究竟。

待他回过神来，发现四周已围了一大群人，大家都在交头接耳，对他指指点点。他自认为已经习惯了日本人爱看热闹的脾性，但被人这么肆无忌惮地盯着看还是生平头一遭。这也难怪，日本人看到竟有蓝眼睛的洋人要进妓院，当然会吃惊得瞪圆眼睛。

片刻之后，男子似乎心意已决，大步走向一家妓院门口。翻译无奈只得跟上。围观的人群中发出赞叹声，有人“哟——哟——”起哄，有人“啪啪”鼓掌。洋人似乎听到了，回过头来，一脸调皮地向人群颔首致意。霎时间所有人同时噤声，一同深深地弯下腰，向他鞠躬行礼——日本人是一个多么讲究礼仪的民族啊！

坎普福尔掀起门帘走进的是一家名为“丸屋”的澡堂，其门面颇为气派。在这条烟花巷里，澡堂也是妓院。

看到这位洋人“稀客”，妓院的人也一脸不知所措的样子：

“洋人小店可接待不了啊，不管怎么说语言不通啊……”

“没事儿，不要紧的。这位是长崎荷兰商馆的先生，所以日本话也都能听得懂……”

翻译拼命说好话，坎普福尔也绞尽脑汁地搜罗出自己知道的所有日语词汇来结结巴巴地证明自己，于是对方终于放下心来，将二人带了进去，翻译也欢欢喜喜地去了另一个房间。

让坎普福尔担心的是召妓的费用。按照当地的规矩，游女中天神（最高级）的价格是银二十八匁①，围女（第

---

① 日本的计量单位，相当于1贯的1/1000，1匁=3.75克。

二级）是十七匁。坎普福尔身上并未携带这些银两，心中正忐忑不安，不料翻译一副熟门熟路的样子，预先结好了账。选的是哪个等级的游女，坎普福尔不知道，也不甚关心，让他惊叹的却是结账的方法。只见翻译从怀中掏出一叠长约16厘米、宽约4厘米的细长纸片来，查看了一下纸上所写的内容后，随手从中抽出三四张来递给店里的男子。坎普福尔惊讶地看到对方竟毫不犹豫地收下了！

坎普福尔自然看不懂日本文字，但可以想象，这些纸片的中央应当印着“播州赤穗”“延宝八年”“银二分”“银十分”等汉字（参见图1）。坎普福尔此时所看到的纸片是赤穗藩币。此前始终对这个远东的岛国隐约抱有轻蔑心理的这个西洋人，未曾想到银票这种纸币在此地竟然已经产生通用货币的效力，对此他打心底里感到了惊讶。

赤穗的银票

赤穗藩并非第一个发行藩币（各藩独立发行的、在该藩辖域内通用的、不可兑换的纸币）的，却是少数几个能维持藩币对外信用的藩之一。即使在元禄十四年（1701）浅野家改易[①]之后，该藩发行的藩币（估计约有

① 浅野家为该藩藩主。“改易”是幕府对大名的一种惩罚手段，包括剥夺领地、俸禄、宅邸和大名身份，将其贬为平民。

图 1　赤穗藩的藩币（出自『赤穗義士実纂』）

一万二千两）全部能以六分价（六折）兑换为本币（全国通行的货币），足见其信用度之高。

浅野家领主时代的藩币发行可以追溯到第三代领主浅野长矩袭封（继承领地）五年后的延宝八年（1680）。之后，“十匁银票”（銀札十匁）和“一匁银票”（同一匁）在藩内和周边诸藩开始流通。其强有力的后盾是该藩特产——盐的交易。当时已形成一条完善的流通途径：大坂的盐会所[①]以藩币购入赤穗盐，再将其以本币（金银币）出售给大坂的盐商。

这些赤穗盐中有五成被运往江户，被称为“赤穗贡盐”，较之下总[②]的行德盐田所产的“本地盐”更具竞争优势。据考，在江户初期的承应年间（1652～1655）向江户运盐的规模已达盐船三百艘、盐五十万俵[③]，到元禄时期（1688～1704）的规模恐怕更大吧。

这些盐船长四丈七尺（约14米）、帆高二丈五尺（约7米），容积达一千石（约280立方米），十分坚固气派。

船主们各自与江户的盐批发商兼船运商进行谈判，商定价格后，由中间商用“茶船”（载重四百俵）将盐运到

① 江户中期以后，诸藩为鼓励和管理领内物产的生产而设置的机构。

② 现千叶县北部及茨城县的一部分。

③ 谷物、蔬菜、木炭等产品在交易和流通时使用的计量单位，每俵的具体数量根据不同产品有所不同。

岸上，出售给零售商和大宗客户。这些中间商所经手的盐不光卖到了江户府，还经由河运批发商和奥州[①]沿岸的船运批发商远销到关东地区、甲信地区，以及仙台、南部（现岩手县北部、青森县南部）等地。

就这样，与货币经济密切结合在一起的赤穗藩果断地开始发行藩币。延宝八年发行之初，负责人是大野九郎兵卫。虽说他作为在后来的复仇计划中退出者的代表性人物而臭名昭著，但起初是作为赤穗藩一名很有能力的财务官员出现在历史舞台上的。同年，赤穗藩新设了盐奉行[②]一职，开始对盐业贸易实行监管（広山堯道編著『赤穂塩業史』）。

十一年后的元禄四年，坎普福尔乘船经过这一带的时候，赤穗的土地上便洋溢着这样一种活力：虽然将来会走向何方还是未知数，但人们都满怀着进取精神；虽然不知今后会怎样变化，但眼前至少有盐业生意可以维持生计。

当然其内部也存在各种利益冲突，比如一些不为人知的权钱交易、能捞到油水和捞不到油水的利益集团之间的斗争和对立的激化等。人们也会担心大坂和江户的批发商狠压盐价，但与其杞人忧天，不如趁着藩内这大好的经济形势努力赚钱。

---

① 现日本东北地区。

② 管理盐业的负责人。

江户城的繁华

元禄四年，日本正值东山天皇御宇，幕府第五代将军德川纲吉治世。这是德川纲吉执政的第十一年，柳泽吉保（当时还叫柳泽保明，改作吉保是在元禄十四年，但此处为叙述方便，统一使用此名）被提拔为“侧用人”① 已是第三个年头，开始手握大权。据考，德川纲吉出于某种目的命人编纂全国各地大名的档案《土芥寇仇记》（『土芥寇讎記』，详情将于后文叙述）也是在这一年。

坎普福尔自然不会知道日本国内的这些情况。

他踏上旅途后，起初只是单纯地对东海道②等各主干道路上摩肩接踵、络绎不绝的行人感到震惊。“这个国家的主干道路上每天有无数行人，多到令人难以置信。夏秋二季更是人潮汹涌，几乎与欧洲人烟阜盛的大城市的街道一样”（『江户参府旅行日記』第五章）。坎普福尔遍访世界各地，见惯繁华大都市的人山人海，却也难掩对于江户时代日本街道景象的新奇惊讶之情。

这川流不息、充满活力的热闹街景自然而然地过渡为江户城的繁华景象。

---

① 德川纲吉创设的官职。负责将将军的命令传达给老中，并将老中等的意见呈报给将军。

② 江户时代五大道之一。从江户至京都，全程500公里。

坎普福尔一行进了江户城，来到纵贯整座城市的中央大街。虽然日记中并未列出沿途的地名，但想必他们是沿着芝口、银座、京桥一路前行的。他们穿过现在中央大街的前身，即当时被称作“通町”（通り町）的、江户最繁华的商业街，走过日本桥。“和服店、食品店、佛具店、书店、七宝烧[①]匠人、药店、露天摊贩等，路边都摆满了商品，就连路中间也有几个颇具规模的货摊”（『江户参府旅行日記』第十一章），这描述的正是当时江户日本桥一带的繁荣气象。江户作为将军脚下的城下町[②]，诞生不足百年便迅速成长为一大消费中心。坎普福尔日记中的寥寥数笔便准确地勾勒出了这个新兴都市的繁华景象。

一行人左顾右盼、目不暇接地走在“通町”大街上，两旁大大小小的店铺及路边摊贩都在竞相招揽生意，各地商品云集，种类应有尽有，“甚至还有卖单只木屐的”（『世間胸算用』[③] 卷五）——井原西鹤[④]曾这样惊叹道。坎普福尔等人从位于日本桥一丁目的白木屋和服店门口走过时，定然不晓得这家十分气派的店铺在宽文五年（1665）便已开张。

---

① 在金属的胎型上涂以珐琅质的色釉烧制的工艺品，与景泰蓝类似。
② 以城堡为中心发展起来的市镇。
③ 汉译名为《世事费心机》。
④ 江户时代前期的通俗小说家。

到了这里，想要什么都能买到。而且，大街上的人岂是一个“多”字了得！有昂首阔步威严整肃的武士队伍，往来穿梭步履匆匆的商铺帮佣，中间还夹杂着成群结队挑担叫卖的小贩。不仅如此，喧闹的人群中还有许多女子，她们身着华丽的“元禄袖”① 和服，或乘小轿，或两两结伴而行。

街市上各种色彩混杂，自有一番韵致。但坎普福尔发现，这里的色彩基调是柔和的中间色系，衣服的印染花纹也多为浅紫、淡黄、茶绿、青茶色等，与他来日途中在巴达维亚、暹罗所看到的热烈奔放的原色风格大相径庭。总之，这里的热闹繁华在使人兴奋雀跃的同时，又有种令人安心的力量。

一行人过了日本桥，便有人将他们带到经常入住的旅店，即前面不远处的、位于本石町二丁目的长崎屋②。

2　席卷世界的重金主义

拜谒将军

坎普福尔江户之旅的重头戏，当属元禄四年二月三十

---

① 和服袖型之一，袖筒较大而短。

② 东海道上的官驿之一，允许荷兰人住宿。

日（1691 年 3 月 29 日）在江户城拜谒将军德川纲吉的一幕了吧。现代当然不可能有二月三十日，但因为这是日本旧历的日期，也就可以理解了。

当日一大早，坎普福尔一行（三名荷兰人以及助理翻译官本木太郎右卫门）骑马、商馆馆长和高级翻译官横山与三右卫门乘小轿进入城内，长崎奉行①所的役人和町役人等徒步随行。三名荷兰人都穿上了自己国家的礼服，披着黑丝绒斗篷。来到本丸②前，全体人员被要求下轿、下马，在名为“百人番”的警卫室（此建筑物至今尚存）等了一个钟头左右，其间有人送上茶水烟草。然后一行人被带到正殿大门右边的客厅。

坎普福尔日记中虽只写了“客厅”，但可以确定这是江户城地图上标着“大广间”的地方，是幕府举行重要的官方仪式和活动的房间。有记录表明，历代荷兰商馆馆长都是在这里谒见将军的。另外，《常宪院殿御实纪》③同一天的条目里可以看到“召荷兰人四人于帘前御览”的

① “奉行”是江户时代幕府和藩设置的一种职务。在老中制度确立以后，奉行是老中及若年寄属下特定部门的长官。长崎奉行负责监督长崎市政，管理日本与荷兰、中国的贸易，同时也监测外国动向，指挥九州大名做好抵御外敌的准备。

② 城堡最里层称作“本丸”，即主城堡；第二层称作“二丸”，外层称作“三丸”。

③ “常宪院”为纲吉的谥号。书名意为“常宪院大人实录”。

记录，这也证实了以上推论。坎普福尔等人刚走进“大广间”——坎普福尔一直称之为“谒见的房间”——就听有人大声喊道：“荷兰商馆馆长（オランダ・カピターン）。”这是在示意谒见开始。大广间一侧有两个并排的房间，其中一个是幕府高官（老中和若年寄①）的席位。

坎普福尔照着助理翻译官的指点，学着别人的样子时而鞠躬、时而叩拜，反反复复做着这些动作，努力使自己与周围的氛围融为一体；同时，又怎么也按捺不住自己的好奇心，也不管旁边的助理翻译官一个劲儿地捅他让他注意，还是忍不住两只眼睛骨碌碌地偷偷看向将军的宝座。可是他看到的只是竹帘后的身影，心中十分失望。因为他很想亲眼一睹这位将军的真容，以证实坊间流传的但谁也不敢说出来的关于将军风采的秘闻。坎普福尔本人在《江户参府旅行日记》中是这样写的：

> 另一个房间比大广间要窄，纵深较深，地面比外间高出一截。那里正好位于房间的角落处，将军盘腿

① 老中，江户幕府辅佐将军、总理全部政务的最高官员，从有势力的谱代大名中选任，定员为四至五人，每月轮值。若年寄，江户幕府官职，权力仅在老中之下，管辖旗本和御家人。从俸禄低的谱代大名中选任，定员为三至五名，每月轮值。

坐在几张榻榻米叠起的高处，样子却看不分明。一是因为那里光线昏暗，二是因为谒见结束得太快，我们一直垂首听候吩咐，没有获许抬头看将军，然后就不得不退下了。（第十二章，着重号为笔者所加）

这便是坎普福尔"亲见"纲吉的实际情况。将军的真容藏在帘后看不清楚，他不会轻易让臣子看到自己的真容，更何况是外国人。

纲吉的真容

据说最近历史教科书上对德川纲吉的评价变了。说他不是专制君主，而是仁德君主，臭名昭著的《生灵怜悯令》（「生類憐みの令」）[①] 也被评价为"慈悲的政令"了。这么给纲吉"恢复名誉"还真是符合 21 世纪的日本"全民爱宠物"的狂潮啊。

这样说来，坎普福尔倒是重新评价纲吉的先驱。他在《日本志》中热情洋溢地赞美锁国政策："整个国家完全由一个统治者的最高意志所支配，与其他外部世界的联系被全部切断。的确没有比采取了彻底的锁国制度的此时更

① 纲吉发布的爱护动物的法令，其中对狗的爱护尤为异常。由于过于极端，百姓备受其苦。

幸福的时代了。”他对纲吉本人更是大加赞赏，说他“器宇恢宏、天资卓越，继承父系之才德于一身，恪守国法，对待臣下极为宽宏”（均出自附录Ⅱ「もっともな理由のある日本の鎖国」）。

志筑忠雄所译名著《锁国论》并非坎普福尔的《日本志》的全文翻译，而只是其荷兰语版（该书有多种语言的译本）中附录Ⅵ《关于如同今日这般日本闭关锁国、禁止国民在国内及国外与外国通商对该国是否有利的研究》（「今日のように日本国を閉鎖してその国民が国内においても国外においても外国と通商を営むことを許さないことが同国にとって利益ありや否やについての研究」『国史大辞典』）一文的译文。《锁国论》于享和元年（1801）译出，但直至幕府末年都是以手抄本的形式广为流传。松平定信①这样的人物会去读它，可能是因为该书认同现有体制、肯定锁国制度，对于统治者来说，能够从外国人的角度为维持现状提供道德上的支持。

这一观点与其将纲吉理想化为“有名望的君主”（称望の主）（「鎖国論」）的论调是密不可分的。从他的论述中，我们会很自然地将纲吉想象成一个伟丈夫的形象。然

① 江户后期大名，任老中时实行了被称作江户幕府三大改革之一的“宽政改革”。

而如前所述，坎普福尔和纲吉之间实际上隔了一道竹帘。纲吉对坎普福尔颇为中意，还命他跳西洋舞蹈，看得很是开怀，但即便是这个时候，也仍未从帘后现身。也就是说，纲吉把坎普福尔观察得仔仔细细，坎普福尔却一眼都未看到纲吉的真容，请容我再强调一遍这个简单的事实。

然而这里有一个关于将军（公方）殿下外貌的说法令人无法忽视。据说纲吉的身材异常矮小，仅有 124 厘米(篠田達明『徳川将軍家十五代のカルテ』)。

关于纲吉身高的这一假说与《德川实纪》等其他资料的记述也毫不矛盾。即使我们设想那个在正式场合威严庄重的纲吉是个身材极其矮小的人，也完全不会妨碍我们的叙述。相反，甚至可以说侏儒将军的身姿在各种场景中大放异彩。比如元禄十二年二月十二日纲吉亲自跳了《江口》《安宅》《养老》这几支舞。他以 124 厘米的矮小身躯扮作《江口》中游女和山神的效果姑且不论，但若扮作《安宅》中智过安宅关的大力士弁庆，就会使人在不禁莞尔的同时，又感受到一股阴森的气息。或者可以说，这是历史画卷上一道奇异的风景，为之增加了一抹凌厉的色彩。纲吉的身上便散发着这样一种妖异的气息。

历史性会面

以上是在忠臣藏事件连影子都还没有的元禄四年，偶然发生在日本江户幕府第五代将军德川纲吉与荷兰东印度公司的医生之间的一个历史小插曲。

然而这位只在日本逗留了短短一段时日的德国旅行家，却以敏锐的观察力，对接下来必将发生在这块土地上的事情勾画出了一幅相当准确的草图。坎普福尔不是预见或预言了将要发生这样那样的事件。他只不过对赤穗城和江户的繁华以及纲吉将军的为人略有见闻，却以这仅有的少许“样品”为线索，其他全靠直觉，看清了“纲吉的日本”今后即将面临的问题，那便是武家社会[①]不久之后将不得不面对货币经济的洗礼。

当然，在纲吉的时代，以幕府为首的封建诸侯还未开始进行商品生产，完全是从消费方面被卷入了货币经济的浪潮。纲吉常被评价为铺张浪费、挥霍无度之人，但我想对此不能只从他个人的角度去评价，而应将其放在更为广阔的世界性视野中去考量。

纲吉所面对的不光是幕府的运营，还有日本经济的巨大转折。

不得不说，元禄四年的这一天，纲吉与坎普福尔在江户城大广间的相遇在东西方经济交流史上具有极其深远的意义，虽然两位当事人并未意识到这一点。

---

① 武士阶层掌权的社会。

坎普福尔所属的荷兰东印度公司是 1602 年成立于阿姆斯特丹的一家贸易公司（大塚久雄『株式会社発生史論』）。彼时距日本庆长五年（1600）的关原之战仅仅两年，这家斥资 650 万荷兰盾（两千多万两银子）——是英国东印度公司 68373 英镑（相当于 752417 荷兰盾）的近九倍——组建起来的超大型企业，为垄断印度洋和西太平洋的商业权发起了激烈的经济战争。由于开辟新航线是关系到生死存亡的大问题，所以探险家和旅行家得到这家公司的重用。

坎普福尔也是在这种背景下被雇用的吧。

荷兰先后通过与葡萄牙和英国之间的战争确保了海上贸易路线，船只出发时运载的主要商品是欧洲大量出产的毛织物，返程时则是香料。但日本的情况有所不同。日本从荷兰进口的是生丝、布料、皮革等所谓奢侈品，向荷兰出口的则是可用于制造货币和金属器具的金属，具体种类随时代变化，由金变为银，再变为铜。这些金属的外流数量巨大，不久之后受到了新井白石的批评（永積昭『オランダ東インド会社』）。

可见，日本位于从欧洲一直铺展到西太平洋的这一世界贸易网络的东端。而勉强得以将沿着贸易路线涌来的商品大潮阻在门外的，便是幕府的锁国政策。

货币成为经济的主角

坎普福尔在荷兰东印度公司工作，能够紧扣时代脉搏、切身感受到欧洲“重商主义”浪潮的冲击，因而对18世纪初期的日本所处的地位定然有独到的见解。他支持纲吉、对锁国持肯定态度，也是基于他走遍世界得来的自信。

> 荷兰人被封闭在日本为葡萄牙人所建的“出岛”这块狭小的、等同于囹圄（监牢）的土地上，唯一的补偿是被允许每年销售50万盎司（约14吨）货物。而日本人并不认为从荷兰人手中购买的商品是无论如何都必须买的东西。在日本，人们一个星期所消费的衣物就比我们整整一年出口到日本的丝绸和其他纺织品还要多。
>
> （『日本誌』付録Ⅱ）

尽管进口的都是些非必需、不紧急的货品，长崎贸易却依然能够持续下去，这是因为日荷双方都从中看到了相应的利益。荷兰东印度公司从日本流出的大量金属中赚得盆满钵满。金和银枯竭之后，还有铜可以运往全世界。日本的邻国中国对铜始终有着巨大的需求，他们将日本的铜称为“洋银”，大量进口，然后将其用于铸造铜钱。中国市场吸纳不了的铜，经荷兰东印度公司之手被运到欧洲，成为制造工业机器和武器的原料。世界各国对日本的铜有着旺盛的需求。长崎的窗口名副其实地向全世界敞开。

另一方面，日本的“奢侈贸易”也不仅仅是为了获得用于个人消费的奢侈品，而且是官方的必要支出。纲吉接二连三地建造寺院、去日光参拜，这些行为在打造能够抗衡京都传统文化的江户文化方面起到了很大作用；并且为了置办纲吉所喜爱的能乐①的服装，昂贵丝织品的进口也必不可少。可以说这是一笔有助于提高江户文化地位的“不可削减”的开支。

尽管受到锁国的限制，日本的市场经济仍然蓬勃发展，已与世界联为一体，没有货币的介入已无法继续发展下去了。货币的大潮即将席卷全世界，日本国内虽多少有些滞后，但同样的潮流也在加速涌动着。

荻原重秀登场

正如上文所说的，无论如何，纲吉在政治方面的花销十分巨大。可以说，他从消费方面推动了货币经济不可逆

① 日本古典演艺之一，表演者多戴假面，合着笛、鼓等的伴奏，边唱边演。

转的渗透。货币开销越来越大，财政改革迫在眉睫。终于，纲吉政权在元禄八年（1695）铸造“元禄小判”[①]，进行货币改铸（将含金量降低至56.41%以增加货币流通量），进而于次年即元禄九年提拔在货币政策方面有独到见解的荻原重秀为勘定奉行[②]，以暂时解决财政问题。

在踏上改铸货币之路以前，纲吉推行的是在米谷经济[③]范围内保障收入来源的政策。为增加幕府收益，他频繁采取废黜大名的策略。

根据大野瑞男《江户幕府财政史论》的研究，在纲吉执政期间被改易（没收领地、俸禄、房产）或被废黜的大名多达二十七家。随着没收领地的增多，幕府领的石高[④]在元禄十年（1697）达到4346500石的历史最大值。

但起用荻原重秀之后，纲吉政府在财政方面的关注点便完全转到增铸货币上了。他们想通过增加货币量来弥补财政赤字。

据传元禄金币为荻原近江守（重秀）所创制，

---

① 小金币，一枚为一两。

② 江户幕府官职，三奉行之一，主管财政等事务。相当于财政部部长。

③ 即粮食经济。

④ 日本近世根据丈量土地而制定出的稻谷标准产量，是年贡的征收标准，武士的俸禄也以此计算。

> 不知其善恶。（中略）但（荻原重秀）定是认为通过此法降低金银成色，掺入银、锡增铸并使之流通于天下，便可使金银增加数倍，从而使财资充足、上下皆得便利吧。（中略）然而此元禄金币因成色（含金量）低，难获百姓认可，旧金币自然会被蓄之不用，导致市面上流通的都是新铸的元禄金币。结果物价普遍高涨。
>
> （草間直方『三貨図彙』）

也就是说，出现了“格雷欣法则”[①] 所描述的状况，成了名副其实的“劣币驱逐良币”。人们对元禄小判没有信心，小心地将庆长时期的旧金币存了起来。

全球化背景

在日本商品经济蓬勃发展的元禄年间为何会出现这种情况呢？其实这并非日本元禄时期独有的情况，而是以放之四海而皆准——这才是全球化——的普遍性法则为背景的。法国年鉴学派（École des Annales）历史学家费尔

① 格雷欣法则（Gresham's Law）指在金银双本位制下，当金银的市场比价与法定比价不一致时，市场比价比法定比价高的金属货币（良币）将逐渐减少，而市场比价比法定比价低的金属货币（劣币）将逐渐增加，形成良币退藏、劣币充斥的现象。

南·布罗代尔（Fernand Braudel）在其大作《15至18世纪的物质文明、经济和资本主义》中论述道：

> 作为交换的乘数，货币历来显得太少：贵金属矿产量不敷应用，劣币陆续驱逐良币，积蓄更是一个无底洞。解决的办法最好是创造一种商品货币，充当衡量其他货币的镜子和反映其他货币的符号。（第二卷《形形色色的交换》）[①]

没想到这成为日本该时期所发生的经济现象的最好注脚。

据传江户城的金库在宽文元年（1661）时曾有高达三百八十五万两的储备金，之后因连年财政超支而逐渐被掏空。荻生徂徕在《政谈》中引用了宽文年间（1661～1673）一位勘定奉行的话来说明这种情况："出得多进得少，每年都要从库里支出一两万两来填补赤字。"也就是说，政府一直在用储备金填补经常性开支的窟窿。到延宝八年（1680）纲吉继位时，国库已基本见底，连日光参拜所需要的经费都拿不出。

① 译文引自费尔南·布罗代尔《15至18世纪的物质文明、经济和资本主义》，顾良、施康强译，商务印书馆，2017，第113页。

虽以瓦砾代之，而且可行

《三王外记》——据考由荻生徂徕的高足太宰春台所著——是这样描述纲吉听到参拜日光东照宫预算不足这一汇报时的反应的（原文用的是古板庄重的汉文体，与纲吉幼稚可笑的言行形成强烈对比，极富喜感）：

> 王泣曰：吾有海内而不得有数日之行，焉用王为？
>
> 因减欲食，弗乐。列相及侍中诸大臣皆病之。
>
> 时忍侯正武为计相，召大农度支官长以下而问足用之术焉。大农荻原直秀对曰：海内见行世币，既有其数，不可遽殖，莫如和剂他物以为货币，无取益于原材而其数倍，故为之便矣。

荻原重秀有个信念，他坚信“币者，国家所造，虽以瓦砾代之，而且可行”（同上）。

他的这个想法与荻生徂徕——元禄九年（1696）八月被柳泽家①聘用，次月初次拜谒纲吉——所提出的“货币只需是价值的标志即可，材质是瓦片或纸片都无妨”的“瓦砾主义货币论”如出一辙。

---

① 指柳泽吉保。

事情的根源在于“货币商品说”与“货币法定说”两种学说之间的对立，这一问题至今仍无正确答案。纲吉和柳泽吉保迫不及待地采纳了荻原重秀的货币改铸建议，当然是为了紧急筹措资金来应付眼前国库亏空的问题。这一方法即使尚未到应急措施的程度，也无疑是为了打开局面而拼命想出的办法。但从后世来看，这不过是历朝历代所进行的无数次摸索尝试之一。不过纲吉的尝试是前无古人的，他将首次面对货币这头巨大的怪兽。

因而可以说，坎普福尔与纲吉的“一期一会”[①] 在他们自身都未意识到的方面对彼此产生了影响。坎普福尔从纲吉身上看到了一个将会在重金主义时代的经济形势下左支右绌的君主形象，但以他的立场又无法提出任何建议。至于纲吉本人，他更是连自己在干什么都没弄明白。

纪文

这个世界不论过去还是现在都一样，“有钱能使鬼推磨”，到最后已搞不清楚到底是人在使钱还是钱在使人。这便是元禄重金主义（近年来是平成拜金主义）的特色。

时代会造就相似的人。乍一看毫无关联的人之间所具有的相似性常常令人大跌眼镜。比如德川纲吉与纪伊国屋

---

① 茶道用语，指一生仅此一会。

文左卫门（俗称“纪文”）这一组合可能会让人觉得匪夷所思。他们都依靠货币大发横财，却又因货币吃尽苦头，在这一点上两人十分相似。不仅如此，若是画张现下流行的“人物关系图”来分析一下，便会发现纪伊国屋文左卫门不仅和纲吉，而且和同时代的各色人等之间都有着非同一般的亲密关系。

纪伊国屋文左卫门是个留下许多传说的人物。从他名字前半部分所用的商号名称以及柑橘船[①]的传说，似乎可以判断他是纪州[②]人，但实际上他是出身不明的木材商人。一位生于元禄二年（1689）、姓名不详的作家在其名为《江户真砂六十帖》的风俗见闻录中，对纪伊国屋文左卫门的生平是这样概括的：

> 北八丁堀三丁目的纪伊国屋文左卫门此人，乃是御用木材供应商，富甲一方，飞扬跋扈，尤其因在烟花巷挥金如土而闻名，以至于井原西鹤在话本中对其大加赞赏。至今京城仍有这些旧话本留存。江户也曾盛传他在吉原[③]一家名为和泉屋的妓馆大撒小金币（一分的金币，四分之一两）的逸闻，吉原的老人们

① 传说纪文因冒险在大风浪中运送柑橘而捞下第一桶金。

② 日本旧时的纪伊国，相当于现三重县一部分及和歌山县。

③ 江户时代的官方认可的妓馆区。

到现在还都记得这件事情。

他在钱座（钱币铸造机构）督造的钱币称作“纪伊国屋钱”，至今仍为人所知。从这批钱币开始，铜钱的尺寸变小、质量也变差了。纪伊国屋本人的名声也因此大大受损，但最终还是在捐赠给江之岛的石垣上留下了名字。

晚年日益破落，最后落了发，在深川八幡宫的第一道鸟居前住了下来，直到七八年前还活着。

（收录于「紀伊国屋文左衛門が事」
『燕石十種』第一・初輯）

山东京传的考证随笔集《近世奇迹考》认为纪文的卒年为享保十九年（1734），这与《江户真砂六十帖》的记载大体一致。另据肥前平户藩的文人大名松浦静山所述，晚年隐居深川的纪文曾师从松尾芭蕉的高足宝井其角学习俳谐，俳号“千山”（『甲子夜話』続篇Ⅰ　卷十）。

另外，可能是由铸造货币的事情联想到的，静山公接下来写到了元禄年间因承接二朱金[①]铸造业务而人称“二朱判吉兵卫”的中村吉兵卫这个人物。吉兵卫是个帮闲

① 江户时代金币的一种，八枚相当于小判一两。

（以陪酒助兴为业的男性艺人），曾在森田屋[①]当过丑角演员，是个游手好闲之徒。他的俳号是“其一”，暗示他是其角的门生。如此这般列出诸色人等的种种经历，便可发现这些人都在同一个文化圈里过着同样的生活。

十文钱的铸造

纪文作为一名承包幕府公用建筑材料的御用木材商而大获成功。纲吉则亲自策划了日光东照宫的改建等多达106项的寺社建造及修复工程，催生出巨大的木材需求。因此两人在不知不觉间已有了交集。并且可以推断，纪文与曾任江户城二丸修理及三丸建造工程总奉行、汤岛圣堂重建工程总奉行的老中阿部丰后守正武[②]［延宝九年（1681）至宝永元年（1704）在任］在工作上也有着密切的关系，在大名贷款（以大名为对象的资金借贷）这方面可能也有联系（竹内誠『元禄人間模様』）。

这位阿部正武便是上文中授命荻原重秀进行元禄货币改铸的那位老中（村井淳志『勘定奉行荻原重秀の生涯』）。在这里纪文与其同时代人又有了一个交集，并且我们也明白这的确是只有在纲吉统治下才有可能出现的人

① 剧团名。

② 丰后守为官职名，阿部正武为其姓名，下文同此。丰后相当于今大分县，“守”则为地方最高长官。

物关系。

在纪文铸造那些口碑极差的十文钱（宝永通宝）——虽然是十文钱，重量却只有宽永通宝（一文钱）的五倍，借以赚取五文钱的利差，对此荻原重秀也未必赞同——的宝永五年（1708），纲吉和重秀还都健在。那是个通货膨胀的时代，其源头便是孕育出货币改铸方案的货币瓦砾（法定）学说。

投资货币铸造是一项风险性投机。重秀反对铸造十文钱，只是因为它作为一项政策并不合适，对于货币瓦砾（法定）学说本身，他的信念是不变的。至于纲吉本人，在经济理论方面并无独到的见解，只是天真地坚信“我是将军，不可能有用钱买不到的东西”。

3　纲吉与吉保

破格提拔

为贯彻自己的政治理念，纲吉不依赖老中，而是重用自己选拔出来的侧用人，将政治体制的重心转移到了侧用人政治上。侧用人起初从年轻的大名和出身名门的旗本中选拔，但多数任用不久便被解职，人员更替频繁。后来固定下来，由从很早以前——纲吉还被称作馆林宰相的时候——就一直跟着他的两位家臣牧野成贞和柳泽吉保担任，再后来又锁定为吉保一人。与此同时，纲吉独断专行的毛病也开始显现出来。

柳泽吉保，通称弥太郎，从纲吉还是馆林宰相的时候起就作为小姓[①]、小纳户[②]服侍他，后逐渐崭露头角，于贞享二年（1685）获封从五位，任出羽守。元禄元年（1688）被任命为侧用人，成为领一万余石的大名，席次还列于若年寄之上。元禄七年（1694）被封为川越藩主，领七万二千石。柳泽吉保获得破格提拔，固然因为他才智超群，但男色关系也是重要因素。

纲吉好男风已有定评。

> 王好年少，近习率以色进。郎中数十人，其所亲幸者二十余人，寄在河越侯邸，其舍如侯家。人或有妻，或未室。平日自下直至上直，起居饮食、学习作事，皆有法制，不得有变。河越侯令近臣四人更监察之。
>
> （『三王外記』）

① 江户时代幕府中处理将军日常杂务的武士。

② 幕府官职名，指照顾将军用膳、理发等生活琐事的贴身侍从。

吉保过去曾凭着姿色集纲吉的万千宠爱于一身，但随着年龄增长，无法再指望这方面的宠爱，于是便开始培养美貌的小姓来取悦纲吉。元禄四年三月二十二日，吉保在家中迎来纲吉的初次御驾光临，这是他位极人臣的起点，也是此后共计五十八次驾临宠幸的序幕。

纲吉和吉保之间各种丑闻不绝，其中最大的一个当属民间流传的一种说法，即吉保贞享四年（1687）出生的儿子吉里其实是纲吉的孩子，纲吉把怀了自己孩子的染子赐给了吉保。

第五代将军纲吉与之前的第四代将军不同，自觉有许多缺陷，对此抱有强烈的自卑感。他的母亲阿玉（后称“桂昌院”）出身低贱当然是原因之一，另外可能也有身体上的某些缘由。纲吉在执政初期表现出异常强烈的权力欲，也是为弥补这种自卑感。而在将军的权力中，也许再没有比对听命于自己的大名行使生杀予夺大权更令人痛快的了。

对想要随心所欲支配大名的纲吉来说，吉保是个十分称意的心腹侧用人。而吉保则非常擅长操纵之术，他总是在极力迎合纲吉心意的同时，又对其施以巧妙的引导，在保证纲吉政治不出大错的前提下，实现自己的晋升。事实上，赤穗事件会按照那样的轨迹发展，受这对主仆的影响相当之大。

《土芥寇仇记》

要想掌控诸家大名，首先收集信息是关键。现存有纲吉为此周密准备的调查档案集《土芥寇仇记》（稿本四十三册）。在档案中，大名及其嫡子的年龄统一以“庚午（元禄三年）××岁”的形式表述，各家大名的个人信息均被全面调查并记录在案。

“土芥寇仇”这个词出自《孟子·离娄篇》中“君之视臣如土芥，则臣视君如寇仇”（君主若把臣下看成泥土和草芥，则臣下也会把君主看成仇敌）这句话，意思是做君主的绝对不可以不爱惜臣下。《土芥寇仇记》是一部关于全国所有大名对其属下人心的掌握情况，以及家臣们对其主君的忠诚度情况的全面彻底的调查记录。

记录中对每位大名都按

①家世

②简历

③居城

④为人

这一格式进行摘要叙述，最后再加上编者自己的点评，名曰：

⑤讴歌评论

对二百四十三位大名的记录虽各有详略，但形式基本相同。

那么关于浅野内匠头的记录是怎样的呢？第二十卷中有这样一份文件，其相关部分摘要如下：

> 浅野内匠源长矩，庚午（元禄三年）廿三岁。
>
> 居城播州赤穗。本知[①]五万三千石。家老[②]大石内藏介（原文如此）、藤井又左卫门。

> 长矩睿智贤能、治理有方，武士与百姓均颇富足。好色之情甚切。

> 故奸邪谄媚者投主君所好，搜罗美貌女子进献，便可出人头地。更不必说女子的亲戚朋友，攀着裙带关系，捞得大笔金银，高官厚禄者众多。（长矩）日夜沉溺温柔乡中，从少时起直至如今长大成人，政事全交家老处理。

---

① 本来领有的领地或其知行高。

② 江户时代大名家中统管藩政的重臣。由数人合议，轮流主政。

在这条信息中，首先年龄就是错误的。这里写着内匠头庚午年二十三岁，但他实际生于宽文七年（1667），所以元禄三年（1690）应当是二十四岁。虽然只是一岁之差，但为何会出现这样的错误令人不解。而纲吉对内匠头似乎抱有很大的成见。

书中说他又聪明又贤能，治民有方且国力富足，唯一的缺点是好女色，而且用了“甚切”一词，说明其程度非同一般。于是自然便有人通过给主君和有姿色的女子牵线搭桥而出人头地，享受高官厚禄。内匠头则整日沉溺于温柔乡，政事全交由家老打理。这里列出的家老是大石内藏助和藤井又左卫门（未参与复仇）二人，这点也颇为有趣。

危机暗藏的幕藩关系

《土芥寇仇记》的调查对于纲吉的治国方略起到了何种程度的帮助，我们不得而知，但纲吉时期实行了大名淘汰政策却是事实。

江户时代的“幕藩体制”以将军为首，其下设有二百三十余位大名，即所谓的“三百诸侯”在将军统治下共同维持着稳定的封建秩序。在德川将军与三百诸侯之间，潜藏着一种虽然不太具有现实性却始终存在的永恒的敌对关系。任何一位大名只要稍有过失，幕府即可毫不留情地将其断绝[①]或改易。赤穗浅野家被废便是其中一例。事实上浅野长矩本人还曾在元禄七年（1694）二月备中松山藩的水谷家断绝后，担任过接收备中松山城（高梁城）的使者。虽然没有人公开谈论，但事实上幕府和诸侯之间的关系始终蕴含着某种危机。

所以显而易见，《土芥寇仇记》并不单单是各家大名的品行调查，而是基于一种更为全局性的考虑，将大名领地的接收方案也纳入视野。这种领土扩张方案虽然不能说是赤裸裸的谋财害命，但跟战国乱世时期通过掠夺土地和百姓来增加粮食收入的做法并没有太大差别。纲吉的大名废黜策略的目的也不外乎如此，说到底是一种通过扩大年贡米的征收地来增加收入的策略。

此时货币经济已渗透整个日本，幕府预算匮乏，就像血液渴望氧气一样迫切需要货币。然而纲吉所采取的政策，不是奖励开发比米谷能更有效地置换成金钱的产品（商品），却是通过改铸货币——将优质的货币改铸成劣质的货币——来赚取差价、增加货币流通量。

将军拥有双重职责：一方面作为政府首脑（御公儀）必须考虑整个幕藩体制的福利；另一方面，还要考虑德川一族的家族发展。并且像纲吉这样，到了第五代，家族内

① 以没有后嗣为由而剥夺俸禄、断绝家名。

部——御三家[①]或御家门[②]之间——的种种利益冲突也浮现出来。第五代将军纲吉从一开始便不得不背负着这种种复杂沉重的纠葛活下去。

幕后主使是谁?

的确，德川纲吉在忠臣藏这部戏剧中可能只是个幕后人物，自始至终也未出现在前台，只是站在后台的高处俯瞰着整个故事的发展，做出种种指示。但他又不是全然的旁观者，其随心所欲的行为对事件的发展方向起到了决定性的作用。命令浅野内匠头即日切腹自杀的是纲吉，使赤穗事件朝着最终结局发展的也是纲吉。

没错，随心所欲！这个词是理解纲吉行为模式的关键词。

纲吉为稳固其将军地位，有着强烈的权力欲，但这种权力欲也被他先天的敏感赋予了独特的色彩。在他专制君主式的日常言行背后，伴随着许多与之形成巨大反差的、为世人所诟病的东西，如同性恋癖好、母源病[③]（立川昭二『病気の社会史』）、滥用《生灵怜悯令》、偏执狂，等

① 德川将军一派的尾张家、纪伊家和水户家。大名的首席。

② 除“御三家”、骏河德川家、“御两典”、“御三卿”以外的德川家族。

③ 母亲养育方式不当造成的一种心理疾病，表现为孩子过分依恋母亲、性格敏感脆弱、任性冲动等。

等。即使是出于正义感和善意所做出的行为，这位将军的做法也总让人觉得有点怪异。

如果当时的将军不是纲吉，忠臣藏事件的结果也许会和实际发生的情况有所不同，说不定夜袭便可避免。但不管怎样，纲吉竭尽所能地行使着他的将军职权，在如何了结忠臣藏事件上也是一样。因此，即使无法断言忠臣藏的故事在多大程度上也是德川纲吉的故事，但其中多多少少也有他的一份。

第二章　新人类的武士道

1　赤穗藩的田园牧歌时代

让人厌烦的世道

在谁也不曾料想会发生忠臣藏事件的元禄初年，播州赤穗藩浅野家第三代藩主刚使藩政步入正轨，该藩尚未体现出不同于其他藩的突出特色。年纪尚轻的藩主浅野内匠头长矩的性格能力会朝着何种方向发展还是个未知数。这既令人期待，同时也使人担忧。

后成为“赤穗浪士四十七士”之一的间喜兵卫光延，在元禄十四年（1701）发生事变时是个六十七岁的老人，所以在元禄元年（1688）应当只有五十四岁。这位喜兵卫在元禄元年九月十日给一位老友写了一封长信，在信中可谓畅所欲言：

> 听说近来在京城吃香的都是些会打算盘的、字写得好的、头脑活络会讨人欢心的家伙，其实哪里还不都是一样！诸如此类的事情还有许多，武士已经完全没落了，这世道真是让人厌烦。不过这也难怪，又没有战争，人都学会靠着点小聪明小能耐投机取巧。要是只知道默默忍耐，可能连领地都会被人抢走。真是个让人厌烦的世道。
>
> （『赤穗義士史料』下卷）

喜兵卫在上文中深有感触地感叹着的“最近像样的武士越来越少”的这一现象，当时在各藩都已相当普遍。

《叶隐》

的确，到了元禄时期，武士风气的变化更加剧烈，呈现雪崩状态。武士社会显然正在经历一场地壳变动，不再一味崇尚豪放粗犷的新一代武士诞生了。但“武士道”这一理念的形成，以及被视为其代表性著作的山本常朝的《叶隐》和大道寺友山的《武道初心集》都是在这一时期问世的。它们都成书于享保年间，但其中引用的实例以元禄时期的为多。

《叶隐》开头第二条（聞書第一－二）是“乃知武士道者，即死之一事”。这句话因三岛由纪夫的《叶隐入门》而在当代重新为世人所知，成为名句。从这句经常被各种武士道理论作为金科玉律引用的名言中，可以感受到作者对固有的理念进行重新阐发和定义的满腔热情。“武士道”是指在面临生死抉择时会毅然决然地选择死亡这样一种真实存在的道德观（既是伦理道德也是风俗习惯）。

在战国时代那样一个封建制度的初创时期，君臣同属一个战斗共同体，具有强烈的一体感，因此“生死抉择”的机会是在战场上被赋予的。然而随着封建制度逐渐稳固，不再需要通过一场接一场的战役来保卫领土，不断通过军事化手段来解决问题不再是社会的常态，武士社会也“非军事化”了。在这样的社会背景下，主仆意识自然也不可避免地发生了质变，每个人都在探寻属于自己的“武士道的本质”，到了需要树立自己的“道德观”的时候。

对于主君的忠诚，已不再单单表现为为之献身这样一种美德，而必须是一种热爱，它源自对主君的个人倾慕——一种类似于恋爱的感情。武士道是一种封建道德，所以自然特别重视主仆关系，对于主君的感情必须与对其他“念友”（男性恋人）的感情区别对待。武士道的根本精神就在于最终在对主君的忠诚方面达到无私的境界。使这种无私性、无我性不被外部集团规范所淹没，并将其与自己对主君情不自禁的倾慕绝妙地结合起来，便是那种高尚的、被称作“忍恋”的恋慕之情了。

人性之病

这种叶隐武士彻头彻尾地厌恶“京城式附庸风雅的武道”（聞書第一－二）。《叶隐》极力推崇的那种“视死如归”（聞書第一－五五）型的武士道还保留着一些带有浓厚旧时代色彩的、老式的，也可以说是古色古香的、美好旧时代的风气和做派。而与之相对的，被嘲讽为“京城式附庸风雅的武道”的武士道，则可被评价为新时代背景下的武士道。在他们所处的社会，武士开始变得非军事化，并且不得不在意世人的评价。

间喜兵卫在信中还写道：“鄙人有犬子二人，兄名久八郎，弟名吉之进，分别为十一岁和八岁。”其中的哥哥久八郎便是日后赤穗义士之一的间十次郎光兴。这姑且不谈，我们要关注的是喜兵卫提到最近有人因用吹箭射燕子而获罪（死罪）的传闻。

> 法刑过于严苛是“人性之病”。说句唐突的话，将军毕竟也是人，所以就原谅他吧。他虽然治得了天下，却治不了自己的心哪。

这段文字似乎是针对纲吉的《生灵怜悯令》而写的。所用的吹箭是捕猎方法还是游戏尚不清楚，但吹箭是民间极为常用的一种技艺，却因纲吉的法令而成了“犯罪”。喜兵卫说这是“过于法”（法刑过于严苛），并认为它是“人性之病”（性格的弱点），是像宿疾一样的东西。将军也是人，所以这也是没有办法的事情。看来他就算再会治理天下，也统治不了自己心里的方寸之地。

在播州赤穗藩这样一个地方藩国，一位老式做派的武士就是这样看待《生灵怜悯令》的。

地区差异、时代差异、世代差异

在江户，纲吉拼命要将这一“善政”推广到全国，而地方各藩对此的反应虽在程度上各有不同，但总体而言是冷淡的。正如幕府有时会被称作“御公仪”那样，将军的统治必须始终秉持为了天下万民的“公共”性，幕府的利害得失是“公共”的利害得失，必须与单单一个将军家族（德川家族）的“私人”利害关系划清界限。

想来幕府是希望这一法令在全国各藩都能实施的，但就像我们已经看到的那样，赤穗藩的间喜兵卫冷不丁就冒出了“人性之病”这样的评语，看来地方上对此并不热心。

对于赤穗和江户之间显著可见的这一“落差”，大体上可以说是在幕府与各藩、中央与地方、城市与乡村等种种对立关系中体现出来的地区差异。但想必此外还有一些其他因素，即时代差异或世代差异。这种所谓的时间性要素，大概不拘地点，在一切地方都在不断发展并侵蚀着地区的社会整体性和均质性。

这样想来，便可理解间喜兵卫所发出的“像样的武士越来越少”这句叹息的意义了。上一代“像样的”武士道渐渐衰落，被软弱的“元禄武士道”取而代之，这不过是赤穗家臣共同体中老一代武士的牢骚话，其实那个时代不是也有叶隐武士道吗？“乃知武士道者，即死之一事”不能说是软弱的。每一代新的武士道在内容上都有质变，在侧重点上有着细微差异的多种武士道彼此竞争、共存，便是元禄时期的特点。

纲吉的困境

纲吉推行《生灵怜悯令》，自己主观上认为它是公共的政策，强制臣下将其作为公务执行。其动机的确有一些理想主义的成分，比如说废除杀狗吃肉的习俗、不再捕杀野狗群而鼓励饲养等。但问题在于，这一政策是和其私人感情密不可分地结合在一起的，正如《三王外记》中以讽刺漫画式手法所描述的那样：

> 王（纲吉）自丧太子（嗣子德松）而后，后宫无复产子，乃万方求嗣。僧隆光进言曰："人之乏嗣者，皆其前生多杀生之报也。故求嗣之方莫善于爱生物弗杀。殿下诚欲求嗣，盍禁杀生。且殿下以丙戌属狗，最宜爱狗。"王然之。太后（桂昌院）亦听隆光，为王言之。王曰"敬诺。"乃立杀生之禁，下爱狗之令于都鄙。猎师、渔人之外不得捕鸟兽鱼鳖，自鸡鹜外，人家不得笼养百鸟，虽猛狗狂犬，尚不得杖之，而况杀之乎。（中略）于是有犯杀生之禁而死者，有伤狗而死者，有杀狗而死枭首者。

尽管有这样的阴暗面，却不知为何，元禄这个年号总会使人联想到华丽、明朗的繁华景象。元禄文学、元禄和服、元禄花纹、元禄亮相①——无论哪一个，都给人以活泼明朗、色彩绚丽的感觉。人们常会将这一时期突然变得显著起来的人文精神的解放作为元禄时期的特征，从中可以看到人的个性逐渐摆脱封建制度的束缚而获得发展。这可以说是"个性"的解放，也可以说是"自我"领域的扩大。"自我"的肆意妄为在纲吉身上也不例外，只是身

① 歌舞伎中高潮部分一个特别夸张的亮相动作，由初代市川团十郎所创。

为将军，他的这些行为会被看作一位当权者所不应有的“私心”，这是他的不幸。对纲吉来说，善意和私心的界限就是这样难以区分。

元禄时期可以说是江户“百花齐放”的时期，千姿百态的个性都在绽放。这并不完全意味着臣下总是任意妄为，令主君和固守封建主仆关系的老臣们束手无策，而是每个人都按照自己的喜好唱着自己的声部，共同唱响一首时代之歌，这样的多声部混合才是元禄时期的特色。

在这个意义上，纲吉也属于将军中的新人类。我们常说纲吉一辈子都是小孩子心性，小孩子心性的特点是，会一下子被当前的感情所控制，并有一瞬间沉迷其中，但另一方面，反省改过也很快，转眼间就把愤怒抛到九霄云外、异常积极地行善。纲吉丝毫也不惮于将充满矛盾和二律背反的自己暴露出来，但转而又会为这样的自己感到羞愧，总之他就是一个从不压抑自己个性的人，不管它是好也罢是坏也罢。

2　真是人才济济

剑豪堀部安兵卫

说到人的个性，赤穗藩主浅野内匠头招揽了不少极有个性的家臣。其中排名第一的当属著名剑客堀部安兵卫了吧。令他名扬天下的，是通过讲谈[1]和浪曲[2]而广为人知的那场高田马场血战。

说到高田马场，现在不过是东京 JR 山手线、西武铁道及东京 Metro 线上的一个站名而已，但在江户时代，那里确实有一个马场，地点就在现在地铁站的位置再往东一些、现在的西早稻田三丁目的早稻田大学附近。马场东西长六町（约 654 米）、南北宽三十余间（约 55 米），既可进行马术操练，也可练习骑射，附近还有供练出一身汗的旗本子弟们休息的茶馆和酒肆，生意十分兴隆。

那年是元禄四年（1691），还用着旧姓中山的安兵卫以浪人[3]之身来到江户，在牛込地区原天龙寺竹町（现东京都新宿区纳户町）住了下来。安兵卫原是越后新发田一位藩士[4]之子，因为某种原因，父子二人都成了浪人，来到江户寻找另事新君的机会。他为此拜在剑客堀内源左卫门的门下勤修苦练，甚至达到了道场师范代[5]的水平。

他与同门伊予西条藩士菅野六郎左卫门相识相交，彼

① 日本大众说唱艺术的一种。

② 日本的一种大众曲艺，即三味线伴奏的说唱故事。

③ 也称“浪士”，指离开主家、失去领地和俸禄的流浪武士。

④ 属于某个藩的武士，大名的家臣。

⑤ 技艺指导者，指居于次席的师父，也指授予在流派内和道场里指导门生之人的职位或称号。

此惺惺相惜，但因年龄差距大，便结拜为伯侄。这位六郎左卫门出于某种新仇旧恨，与同藩的藩士村上庄左卫门约定决斗——这是那个时代常见的习俗。

六郎左卫门这边只带了一名年轻随从和一个仆人（草履取り），仅凭三人之力与对方的八个人对战。寡不敌众，再加上他已是个六十多岁的老人，随行的两个人很快就被砍倒，他也因多处负伤而昏倒在地。

再来说中山安兵卫。其实在决斗的前一天，六郎左卫门就决斗一事的原委写给他的信函便已送到他家，但安兵卫偏巧不在家，所以未能及时看到。决斗当天，起床后看到信的安兵卫立时大惊失色——决斗马上就要开始了！安兵卫急忙冲出家门，将上衣的下摆掖在腰间便开始飞奔，如猛虎下山、风驰原野，一刻不停地从牛込向着高田马场猛跑。

跑啊，跑啊！跑过牛込的大街小巷，快到户塚村时，周围已都是农田。他越过田野、越过山冈，沿着乡间道路一路疾驰。两旁零星散布着几处拓荒残留的树林和灌木丛，还有大名的下官邸①以及旗本的宅邸。马场南面还残存着一段旧时的镰仓大道，不过已变成一条从农田中间穿

① 大名参勤时在江户的官邸大体分上、中、下三处。上官邸位于江户城周边，用于大名居住；下官邸和中官邸则在城郊或新开发地区，前者用于避难或休养，后者供隐退后的大名等居住。

过的五尺来宽（约1.5米）的小路。

跑啊，跑啊！安兵卫全然不顾擦肩而过的农夫惊讶地张大嘴巴回头看他，目不斜视地一个劲儿往前飞奔。带有家徽图案的黑色和服下摆掖在腰间，腰带上松松垮垮地佩着一把朱鞘大刀，他朝着位于高坡上的高田马场一路飞奔。奔上斜坡，奔下喜久井坡，又奔上马场下方陡峭的坡道。

当他气喘吁吁地跑到马场时，天哪！看热闹的人们正在陆续散去，看来决斗已经结束了。他上前一看，六郎左卫门全身是血，已经死了。“抱歉！我来迟了！伯父大人，请您原谅，我一定为您报仇雪恨！”安兵卫咬牙切齿地冲向敌人，转眼间就将敌人尽数砍倒在地。

正巧在场的人群中有赤穗藩武士堀部弥兵卫的妻子，她目睹了整个过程，回去之后便向丈夫描述了安兵卫的英勇行为。弥兵卫是个直性子的老派武士，认准的事就一定要坚持到底。于是托人打听到安兵卫的住址，然后每天去拜访，劝说他做堀部家的女婿。

安兵卫却迟迟不肯答应。

“承蒙您厚爱，但在下身为中山家的嫡子，不能做别家的入赘女婿。”

“能把堀部家让给您这样一等一的男子汉来继承，是我弥兵卫一生的荣耀，请您无论如何都要做我的女婿。如果不愿入赘，我就向主君申请废掉堀部这个姓，您仍旧用中山姓来继承我的家业，这样还不行吗？”

弥兵卫也是个以固执闻名的人，一旦决定要做的事决不放弃。

安兵卫终于折服于弥兵卫非同一般的热情，主动放弃了中山姓，入了堀部籍，改名堀部安兵卫武庸，成了一名俸禄二百石的武士——这就是著名剑客堀部安兵卫成为浅野家家臣的经过。

曾与安兵卫同在堀内门下的细井广泽——通称次郎太夫，精通儒学、书法、篆刻等多种才艺，因博学而受雇于柳泽吉保——将其一生评论为“逢刀剑之灾而活，因复仇之事而自尽”（『異説まちまち』)。的确，若无这次过继，安兵卫应当也不会成为赤穗浪人的一员。在那个时代，一旦成为流浪武士，想要再找一位主君是极其困难的。安兵卫已凭着一身好本事抓住了好运气，但后来的情况是该说他再次遭逢了厄运，还是该说他作为一名武士遇到了千载难逢的好运，实在难下定论。

特爱砍人的不破数右卫门

后来加入复仇行动的不破数右卫门正种，也是个相当另类的人物。

据元禄六年（1693）的家臣名录（分限帳）记载，

数右卫门是一名俸禄一百石的普请奉行[①]，位在马回（主君的贴身侍卫）之列，是个颇有地位的藩士，将来的稳定生活也有保障。然而在元禄十年（1697），他突然因触怒了内匠头而被浅野家解雇。到底发生了什么呢？

数右卫门喜欢用尸体试刀，总是去墓地把新埋葬的尸首挖出来砍。有一次，浅野家司茶人[②]的母亲去世，葬在墓地，数右卫门也不知道她是谁就挖了出来，一看是具女尸，大为不乐："哎呀，怎么是个女的，女人的尸首对试刀也没啥用处。"于是一边嘟嘟囔囔地发着牢骚，一边将尸首胡乱砍成几段就走了。到了第二天早上，寺里的僧人发现了被砍得面目全非的尸首，通知了家属。司茶人慌忙赶来，却不知是谁干的，无奈只得捡回尸块凑到一起。"可恶的家伙，我一定要把你找出来！"司茶人回去之后便一直留心寻找罪犯，但多日过去，始终没有线索。

后来藩内便有流言说"那一定是数右卫门干的"，司茶人也千方百计地调查这个传言的真伪。目付[③]也不能视若无睹，便把情况向内匠头做了汇报。

① 相当于土木工程总管。

② 武士家中专管茶道、茶会的人。

③ 监察官。直属于若年寄，负责监视旗本和下级武士。

但完全没有证据，也没法审讯。另一方面，流言愈传愈离谱，这样发展下去不定什么时候便可能发生意外。内匠头也是担心数右卫门的安全，觉得“总之找个由头让他离职比较好吧”，于是瞒着数右卫门将事情打点好，让他做了浪人，甚至还赐给他盘缠。

（神沢杜口『翁草』卷之七）

数右卫门被革职有着这样一番内情。从中可以看出的事实是，内匠头绝非因为厌恶数右卫门才解雇他的。这种处理方式反倒使人觉得充满人情味。我们似乎可以看到内匠头一边苦笑感叹“真是个令人头疼的家伙”，一边想方设法把这个疯狂的家伙从多少有点“自作自受”的困境中解救出来的情景。

此后十数年间，不破数右卫门行踪不明，可能是在世间的哪个角落过着让左邻右舍担惊受怕的日子吧。那奇怪的嗜好想来也不可能改掉。他定然还是无法忘记刀剑砍断骨肉的手感、鲜血的味道以及由锋利的刀剑传到全身的电流般的快感吧。所以到了元禄十四年，即使我们看到不破数右卫门飘然现身、加入复仇的志士之列时，也不会感到惊讶。至于他在夜袭当日所展现的势如猛虎的英姿，我们以后再做介绍。

这些人各自都在以自己独特的方式效忠主君。在浅野家遭遇危机之前，他们看起来并非那种教科书式的模范的忠义武士，但一朝有事之时，便会毫不犹豫地加入复仇的队伍，积极地展开行动。他们的个性虽各不相同，但共同的一点是对内匠头的喜爱。正是这样一种鲜活的感情成分，这种主观的、感性的、无法与别人共享的、充满占有欲的亲近爱慕之情，使得这种感情与世间一般的忠诚义气区别开来，成为一种比寻常的主仆之情更高一级的情感。

冒失鬼武林唯七

我们今天能够从《赤穗义士史料》等书籍中看到或从旧日信函中感受到的关于赤穗的美好旧时光的回忆是十分有限的。但除了这些书面记载之外，从民间流传的故事中也可以看到内匠头与家臣们之间感情亲密的一些印迹。武林唯七的逸事便是其中之一，它通过《义士铭铭传》[①]口口相传至今，并成为一段讲谈故事。

武林唯七隆重是归化人[②]的后代。伊东兰洲在其所著的江户地理志《墨水消夏录》中，引用《武林家谱》的记载，认为其祖父孟二宽原是丰臣秀吉发动文禄之役[③]时，明朝派往朝鲜的援兵之一，被日军俘虏后流亡日本，

① 「義士銘々伝」，“铭铭”即各自、每个人之意。

② 古代从中国或朝鲜半岛去日本并定居的人。

③ 丰臣秀吉发动的侵朝战争。

唯七便是他的孙辈。唯七的母亲是内匠头的乳母，他作为内匠头的同奶兄弟被抚养长大，后成为内匠头的中小姓①，但身份低微，俸禄仅为十五两三人扶持②。

在讲谈故事中，这个唯七是有名的冒失鬼，做事非常莽撞。有一次，内匠头命他给自己剃月代③。唯七说声“遵命”，便绕到内匠头身后开始剃，却稀里糊涂忘记要将头皮先用温水润湿一下。

“哎呀呀，好疼！为何不润湿？”

“喔，要润湿啊？”

唯七按照吩咐将头皮润湿后，继续咔嚓咔嚓剃了起来，可是这回剃刀的柄又松了，他越是在意刀柄就越松，眼看就要掉下来了。唯七烦躁起来，他本身就是急性子，这下更是不管三七二十一，“嗵嗵嗵”地直接就在主君头上磕起刀柄来，想把它装紧。内匠头很生气，但转念又被他这不管不顾的冒失给逗得笑了起来，唯七最后也并未受什么责罚。

这则逸事无意间反映出浅野内匠头与其家臣间极其融

---

① 江户时代藩中职务名。较小姓身份略高，负责主君外出随行、配膳等。

② “扶持”即“扶持米”，禄米之意。江户时代规定每人一天的禄米为糙米半升（约合现在的0.9升），一个武士按几人的禄米计算便是几人扶持。

③ 成年男子将额头至头顶中央的头发剃成半月形。

洽的主仆关系。由元禄至正德年间的记闻汇总而成的《元正间记》（卷十一）评价将军纲吉的主仆关系时写道："大名与旗本的小姓们，能顺顺当当、善始善终者仅十之一二，其余皆于一两年内因犯错而受到各种处罚。"这种如履薄冰的紧张气氛，至少在浅野家是感觉不到的。纲吉的小姓，无论多么受宠也总是战战兢兢，不知何时就会受到责罚，而浅野家则大不相同。

浅野内匠头既不是明君，也不是贤君，也不是那种会在元禄这个新时代从播州的一隅举起善政的大旗进行锐意改革的藩主。若要在他身上寻求这些优点，无异于缘木求鱼。但这个藩具有一种神奇的、类似向光性的特点。在这一点上，内匠头的个人品性起到了很大的作用。这方面的书面记载虽然并不太多，但从散落在民间的种种逸闻趣事中便可看得出来。

他的脾气并非细致敏感的，反倒有些大大咧咧；对于政事也不是一一亲力亲为，而是放手交由有能力的家臣打理。《土芥寇仇记》上所写的"好色之情甚切"这一评语也并不中肯。有关女色的传闻，至少从藩史中看不到能当作他缺点的记录。可见纲吉所掌握的信息带有相当大的先入之见。

似乎纲吉所布下的秘密谍报网并未把握内匠头的真实面貌。也许浅野内匠头本人也是个主君中的新人类。

3　其角的徒孙们

城市化的、知性的俳谐创作风格

要说有个性的家臣，除上述几位之外，以大高源五为首的一群人也值得一说。大高源五忠雄是个俸禄二十五石五人扶持的中小姓，同时也是水间沾德（宝井其角的高足）门下俳名子叶的俳人。赤穗浅野家的家臣中除他之外还有很多俳人，水间沾德的《沾德随笔》中有这样一段文字：

浅野家四十六位义士——当时只是足轻[①]的寺坂吉右卫门未被计算在内——中，俳号春帆的富森助右卫门、俳号子叶的大高源五、俳号竹平的神崎与五郎、俳号涓泉的茅野三平，都是我的门徒。其中涓泉在长期的浪人生活之后，与父母一道在摄津国[②]摩耶山山麓附近生活。父母察觉到义士们的复仇计划后，便与大坂的一户人家讲定让涓泉入赘，以改变姓氏。涓泉逃脱不了父母的安排，内心无比煎熬，终于在次

① 武士最下层，平时充杂役，战士为步兵。

② 位于今大阪府北部和兵库县东南部。

年的夏天自杀了。因此涓泉的忠义并不为世人所知。以上四人均是我门下优秀的俳人。

除了子叶（源五）以外，春帆、竹平、涓泉这三个名字分别是浅野家家臣富森助右卫门正因、神崎与五郎则休、茅野（萱野）三平重实的俳名。三人之中，茅野三平因前面所说的缘故被迫自杀，令人痛惜，他也成为歌舞伎曲目中赚足观众泪水的悲剧人物勘平的原型。据《俳家奇人谈》记载，除了以上几人，小野寺幸右卫门秀富（俳号渐之）和冈野金右卫门包秀（俳号放水）二人同为桑冈贞佐（也属其角派）的弟子。可见播州赤穗浅野家的家臣中，在俳谐方面有造诣的人士很多。

如果这个所谓的赤穗藩俳人集团的创作活动可追溯到元禄八年之前的话，则可以推断，从相当早的时期开始，城市化的、知性的俳谐创作风格便已在这个藩扎下根来了。①

前卫诗般犀利的意象

在俳文学史上，水间沾德这位俳人被归为“江户

---

① 原文如此。但从预设的前提推出结论不符合学术规范。

派”。元禄七年（1694）俳圣松尾芭蕉逝世后，他那略显异端的弟子宝井其角以江户为根据地创立了这个团体，沾德也是其中一员。松尾芭蕉始终提倡“诚”，与之相对，其角的风格则是强调“作为”[①]。这也是其角的支持者和反对者之间对其产生极端好恶的分歧所在。

比如，以下这首俳句受到的评价褒贬不一。

蚊子聚成柱　梦如浮桥架其上

（蚊柱に夢の浮橋かゝるなり）

这首俳谐模仿了藤原定家那首名闻天下的杰作：

春夜梦短如浮桥　峰顶白云随风散

（春の夜の夢の浮橋とだえして

峯に別るゝ横雲の空）

但是将它与屋檐下聚成柱状飞舞着的蚊群这样一种日常浅近的题材组合在一起，使人感觉极为大胆。藤原定家的和歌将残梦投影于清晨天边叆叇的云彩，体

① 即人为。

现出一种王朝时代[1]典雅的美；其角的俳句却将场景替换为粗鄙的江户陋巷里的一幕。“蚊子聚成柱”是夏天的季语[2]，所以此句想必是在盛夏的午后，从午睡中醒来时所得吧。

据说蕉门十哲之一的各务支考看到此句后大跌眼镜，说“这可不是一般人说得出来的话”（『葛の松原』），遂与其角断绝了来往。

此外，据说其角的师父松尾芭蕉也曾评论他的那首“梦中被砍非虚妄　醒来便见蚤叮痕”（斬られたる夢はまことか蚤の跡）道：“这家伙简直就是藤原定家他老人家再世，芝麻大点儿事情也能滔滔不绝扯一大篇”（『去来抄』）。不过是被跳蚤咬了一口，这样琐碎的小事却要比拟成梦中被砍这样可怕的场景。故意凸显这种多少有些小题大做的艺术构思（或语言技巧）便是其角独特的手法。

其角的俳谐创作风格常被称为“洒落派”。这里的“洒落”[3] 应当不是“诙谐”而是“洒脱”之意；不是指俏皮话或双关语之类，而是时尚或脱俗之意。“洒落派”是努力追求“不俗的”技法的流派，体现出城市性与乡村性的对峙。在地方上，受欢迎的总归是保守

---

① 平安时代。与武家时代相对。

② 日本和歌、俳句中表示季节的词语。

③ 日语中的“洒落”还有“戏谑、诙谐”之意。

的正统直系（松尾芭蕉风格），而城市化的其角则常常在作品中展现出让人瞠目结舌的、如同前卫诗般犀利的意象：

鬻诗换银钱　诗人贪花酒债多
清晨呕吐物　杜鹃知是邻人否
十五始饮酒　今夜十五月正圆
夏月映蚊影　微瑕仍值五百两
(詩あきんど花を貪る酒債かな
暁の反吐は隣かほととぎす
十五から酒をのみ出て今日の月
夏の月蚊を疵にして五百両)

当然，赤穗藩俳人集团的成员并非直接师从于其角，但他们各自的师父都属于以其角为代表的具有都市气息的俳人群体，这一点毋庸置疑。

以大高源五为代表的赤穗藩俳人们之所以会偏好沾德、贞佐等江户派，恐怕并非纯属偶然。他们都不是长年定居播州的武士，也非常驻江户（定府）的人员，但至少曾作为参勤交代的随从人员有过前往江户和在江户的藩邸生活的经历，因而我们可以理解他们在学习当时流行的俳谐时为何会倾向于城市化的江户派了。

熟知江户的水土

在元禄初年，各处的人们都在努力尝试着做一些新鲜的事，成为一个新派的人。上至将军纲吉，下至市井一隅的街头艺人，都在探寻新方法。

参勤交代起初只是幕府为统治大名而采取的一种政策，但随着成为惯例，便作为一种定期的人口迁移制度固定了下来，这便强制性地促进了武士社会的城市化。播州赤穗藩的年轻武士们一方面仍保留着地方武士的本分和固执，另一方面也在以适当的步调变得江户化，虽然还未完全弄清楚自己打算做什么，却已是干劲十足了。

元禄时期的江户还是个散发着新兴城市的野性气息的粗犷都市。原先的江户城在明历大火①中成为一片废墟，之后约四十年间，大规模的城市建设抹去了原先安土桃山时代的绚烂豪华，黑瓦和菱纹墙所构成的朴素的黑白色调成为这座城市的基调。红土道路上干冷的风呼啸而过，拉货的大板车在行人中横冲直撞，四处传来受到法令保护的狗们刺耳的叫声。

大高源五已经熟知江户的水土，并通过学习俳句提高

① 1657 年 1 月发生在江户的大火。据说烧毁八百个街区，死者达十万余人。

了个人品味。他随主君内匠头参勤交代，已多次往返于江户和赤穗之间，并在元禄十年（1697）写下了一本俳谐旅行日记——《丁丑纪行》。

元禄十三年（1700）是浅野内匠头第六次参勤的年头，一行人于五月上旬从赤穗出发，到达江户时已是五月末。就在这次居留江户期间，确切地说是次年即元禄十四年的二月四日，内匠头会被任命为公仪御驰走人①这一决定他命运的职务，但那个时候还没有人知道这一点。

大高源五是个热心人。

这年他也随着内匠头，与武林唯七、仓桥传助武幸等几位同为中小姓的同僚一道，于五月来到江户，住在位于越中岛的上官邸。武林唯七和仓桥传助后来也加入了四十七士的同盟。究其原因，大概是他们作为小姓与内匠头亲密相处而产生的深厚感情起到了很大作用。除了俳人集团之外，大高源五还领导着堀部安兵卫、赤埴源藏重贤、宫森助右卫门、早水（早见）藤左卫门满尧、潮田又之丞高教等人，在位于赤坂的下官邸也拥有人脉。

对赤穗浅野家来说，此时仍是太平无事的安宁时期。可以说，直至内匠头于次年被幕府任命为接待朝廷公家众的负责人为止，整个浅野家总体是平平安安的，洋溢着一

① 幕府内接待天皇敕使的负责人。

种积极进取、充满正能量的欣快症[①]般的氛围。而领头的便是以子叶即大高源五为首的这几位俳人。他们各自师从水间沾德或桑冈贞佐这样的宗师，凭着这种关系或多或少地也受到了时代弄潮儿宝井其角的熏陶，成为紧跟时代潮流的一分子。对于新时代的年轻武士应该如何生活，这个小团体尚在摸索，但在俳谐的世界中，他们正逐渐领略到最新鲜的时代感觉。

赤穗藩中官邸的诗会

元禄十四年（1701）一月下旬的一个傍晚，在位于铁炮洲（现东京都中央区凑的明石町）的赤穗藩上官邸的长屋[②]，源五迎来了四五位客人，他们是神崎与五郎（竹平）、富森助右卫门（春帆）、小野寺幸右卫门（渐之）、冈野金右卫门（放水）、茅野和助（秃峰）等人。

说是长屋，不过是与泥土地面的厨房相连的里、中、外三间各铺着八席榻榻米的房间[③]，里间设有壁龛。源五在里间按照人数备好了简单的饭菜招待来客。壁龛里端端

① euphoria，指一种病态的情绪高涨。

② 狭长形房屋，中间以墙壁等分隔为数间，分租给多户人家居住。

③ 一席榻榻米的标准尺寸是3尺×6尺（约1.6562平方米）。不同地区存在规格差异，在江户为2尺9寸×5尺8寸（约1.5488平方米），这一规格适用于关东、北海道等地。

正正地挂着一件羽织[1]，看样子应该是内匠头所赐，权充今晚的主宾。

看看时间正好，子叶便开口道：

“今日承蒙各位厚爱，在随殿下进京以来诸事繁忙之中拨冗前来，鄙人不胜惶恐。便如事先说明的那样，此番邀请诸位雅士聚集一堂，乃为举办诗会。俳号‘赤水’的殿下作为主宾虽不能亲来，但已为我等赐了首句。今日乃初次聚会，便以句合[2]的形式进行如何？子叶不才，愿充当主持。”

说完这番话后，子叶首先公布了内匠头不知在哪年的新年切年糕仪式上所咏的一首俳句：

甲胄之年糕　武士典范经锤炼（赤水/浅野长矩）

（搗いて着る具足の餅や武の鑑[3]）

“哦！鄙人惶恐，当时曾对得下句，斗胆在此献丑了！”神崎与五郎道：

---

① 即和服外褂。

② 俳人分成左右两组，继首句之后各出一句，比较优劣。

③ 此句有多处谐音双关：“搗いて”（敲打、锤炼）既有捣年糕之意，又有敲打盔甲掸去灰尘之意；“具足の餅”（甲胄年糕、镜年糕）即圆形的镜年糕，日本武士在新年时将其供于甲胄之前，而“镜年糕”又可指模范、榜样。

实乃稀世宝　武士典范镜年糕（竹平/神崎与五郎）

（ありがたや具足の餅を武の鑑）

“喔！可巧首对两句都有了，季语也都是春季。接下来就一直照这个方式进行吧。”

花谢绿意浓　山墙前头妻含羞（春帆/富森助右卫门）

（花の後含み洗ひの妻と妻）

一夜春风吹　今朝启航通力丸（秃峰/茅野和助）

（春風に通力丸も動き出て）

春帆诗中的“含羞”（含み洗ひ）或许是“含笑”（含み笑い）的双关吧，不知为何给人一种娇艳动人之感。秃峰句中的“通力丸”语义不详，不过在多年之后的幕府末期，赤穗藩的盐船中有同名船只。

鼻端暗香来　疑是雪夜梅花开（放水/冈野金右卫门）

（匂ひけん雪のあちらの夜梅かな）

矮脚鸡声锐　刺破秋雾白纱帷（渐之/小野寺幸右卫门）

（秋霧の引き離しけり矮鶏の声）

至此三组句合已完成。出席者中既有沾德门生，亦有贞佐门生，双方能够和睦共处，靠的是子叶的人格魅力。随着诗会的进行，席间气氛一片融洽，也说不清是谁先提出的，最后决定由全体在座人员共同创作一卷歌仙。大家情绪高涨，甚至说好要将其定名为《元禄播赤歌仙》，首句自然是用内匠头之作。所谓“歌仙”，是俳谐连歌的一种形式，长句和短句交替连接，共计三十六句。这日俳人们乘兴吟咏，果真吟到了结尾句，连成了一卷歌仙。但为免读者诸君感觉枯燥，在此便不做赘述了。

在时代的转折点

播州赤穗藩是个充满活力的藩，但还没有具体的发展目标，藩主浅野内匠头此后的仕途会如何发展也是个未知数。因此，就算有再多干劲十足的家臣，也难以确定目前该做些什么。有心的人只是在各自摸索着自己也不明确的某种目标。

在这个意义上，大高源五等赤穗藩俳人集团的成员们可以说是藩内的精英了，因为他们姑且已在俳谐这一文艺领域找到了自我表现的途径。江户开幕后约一个世纪，时代迎来了一个巨大的转折点。在幕藩制封建社会的内部已孕育出一种不满足于以往的封建制度的、全新的感性。旧社会的母体即将孕育出新人类。

当然，赤穗藩的“新人类”并非只有俳人集团成员。之前所举的数人都满足“既是俳人又是四十七士”这一条件，但除此之外，可能还有爱好俳句但并未参与复仇计划的，而且在四十七士中，与“文雅”没什么缘分的人恐怕还更多些，比如后来与大高源五搭档、领导“武斗派”的堀部安兵卫，无疑属于好勇斗狠型。

而涵盖所有这些并作为一个整体存在的，则是每逢世纪之交必会显著表现出来的“新人类”的精神面貌。其中具有“武斗派”心态的那群人，将自己置于“倾奇者”① 的谱系内，以“性急、清高和自傲”为荣，给人的感觉有点类似有机化学中的“芳香族”化合物，又高端又危险。

爱争斗也是这些人的特点。他们并非喜欢争斗，但一旦被惹到就决不善罢甘休。浅野内匠头无疑也是其中之一。在元禄时代，这一现象普遍存在于整个社会。

---

① 无视常规、标新立异的人。

不仅仅是赤穗藩如此，加贺前田藩在这一时期甚至设立了专门处理武士打斗的“喧哗奉行”一职（『旧条記』）。

忠臣藏这部历史剧中的出场人物并不只是四十七士。说不定纲吉也是某种类型的新人类。他继位成为将军后不久，便下令取缔旗本奴和町奴[①]等一切“倾奇者”，并处死了大批此类人员。然而事实上，纲吉因有好男色这一根深蒂固的癖好，所以对“倾奇者”是极其喜爱的。也就是说，他始终都在承受着性格中固有的二律背反性的折磨。

随着社会急剧变化，每个人都在遇到新事物、未知的事物并为之感到困惑。虽然对任何人来说未来都是不确定的，但这一时期的变化速度实在太快。内匠头一瞬间的“冲动”使命运的纺车开始朝着出人意料的方向转动，所有赤穗事件的相关人员都在这股力量的作用下，最终被拧成了一股线绳。不得不说，这幅景象真是历史上壮观的一幕。

---

① “旗本奴”为江户前期趋于无赖化的旗本及其家臣的称呼，常在市中心成群游荡，与“町奴”（市民中的侠客）发生冲突。

第三章　江户城松之廊下

1　命中注定的凶日

不受欢迎的任务

元禄十四年（1701）三月十四日。

这天从早上开始就阴沉沉的，雨似落又不落。之前的十二、十三两日都在下雨，十四日这天雨停了，也没有风，暖和得有些异样的空气黏糊糊地裹在身上。

如果是现代的天气预报，也许会报道说，江户上空正有一片低气压云团经过。空中阴云密布，仿佛上天垂下了一块异常天气的黑色幕布，要为即将发生的事件充当背景。这一天，江户城和往年一样，要举行一场“敕使参向”① 仪式，

① 即迎接朝廷使臣之意。

以迎接京都朝廷派来的敕使。

这年作为敕使（东山天皇的使者）从京都前来的柳原前权大纳言资廉（武家传奏①）、高野前权中纳言保春（同前）、院使（灵元上皇的使者）清闲寺前大纳言熙定这三位重臣已到江户，于三月十一日住进了辰之口（现东京都千代田区丸之内一丁目）的传奏公馆，次日即十二日与将军会面，十三日欣赏了为招待贵宾而举行的能乐表演。这些都已顺利结束，此时已到了日程的最后，即由将军亲自向敕使道谢的阶段。

为隆重招待敕使，幕府每年轮流任命一名“御驰走役”，也就是接待负责人来负责此事。被任命为接待负责人的大名为准备接待工作，必须提前进驻传奏公馆。要做的事情千头万绪：准备奢侈的饭菜、赠送昂贵的礼物、将使臣的居室内外装修得富丽堂皇，等等。这些“招待工作”都是必须要做的。

招待费用全部由被任命为御驰走役的大名自掏腰包，所以说老实话这个耗资巨大的任务并不怎么受欢迎。而且作为惯例，需请精通朝廷礼仪的高家肝煎②（典礼官）

---

① 向天皇传奏幕府奏折的朝廷官职，是联系朝廷与幕府之间的要职，定员两名。

② 幕府官职。“高家”由武家名门后裔担任，充任派往朝廷的使节、接待朝廷钦差、掌管各种仪式典礼等。其中选出两三人，每月轮番主持高家事务，是为“高家肝煎”。

作为顾问，诸事均需听其指示。负责接待工作的大名还需向这位高家赠送昂贵的礼物作为顾问费，这就成了双重的负担。

在元禄十四年，不幸被任命为接待负责人的，便是播州赤穗藩五万三千石的领主浅野内匠头长矩，而且这已不是第一次了。

在十八年前的天和三年（1683）只有十七岁的长矩就曾负责过这一工作。这是他第二次担任此职。这一人事安排的背后有着怎样的秘密不得而知，但对再次落到自己头上的这一艰巨任务，长矩感到了相当大的压力，整个人也变得非常神经质。

这是因为，这一年的“敕使参向”比往年更加受到重视。

为了母亲

由于将军纲吉对此次仪式的成功举行特别在意，故而臣下们也分外紧张。纲吉之所以对接待朝廷的使者如此热心，是因为一心想为生母桂昌院从京都朝廷那里讨得诰封。

纲吉的生母桂昌院原本是卖菜人家的女儿，这一点众所周知。元禄至正德年间的世事见闻录《元正间记》，毫不客气地直接写着她哥哥是个卖萝卜的。她起初作为小姓服侍第三代将军德川家光的侧室阿万；宽永十六年（1639）被将军一眼看中，升为侧室；正保三年（1646）生下纲吉；庆安四年（1651）家光死后落发，法号桂昌院。延宝八年（1680）纲吉成为将军后，她便作为将军生母住进了江户城的三丸。

纲吉很爱这个母亲，但又为她的出身感到羞耻。母亲也十分溺爱这个儿子。假如矮小症这一推断是事实的话，便能够想象得出这种宠爱是超出常规的。有学者认为可以断言纲吉的所有病症都是“母源病”（立川昭二『病気の社会史』）。纲吉试图为生母谋取一个高到违反惯例的品级。他的母亲已在贞享元年（1684）十一月获封从三位；在元禄十四年，纲吉正努力活动，争取让其获封女性的最高品级——从一位。

所以，要圆满完成此次接待朝廷使臣的任务，无论如何都要请吉良上野介来主持。

吉良上野介义央，自天和三年三月就任高家肝煎以来，作为其中的首席活跃于朝廷和幕府之间，权势熏天。他将纲吉与朝廷之间的沟通工作做得十分完满，与纲吉的关系也很好，独揽了与京都方面的所有沟通交流事务。在元禄年间，幕府派往朝廷的“新年贺使”几乎每年都由他担任。“敕使参向”原本就是作为对“新年贺使”的答谢而举行的一项仪式。

就这样，“殿中伤人事件”——它引发了后世所称的“忠臣藏事件”——的主要相关人物就像被命运的齿轮带动着一般，聚集到了元禄十四年三月十四日的江户城松之廊下这样一个特殊的时空点。内匠头如此，上野介如此，纲吉亦是如此。另外这个名单上还应加上梶川与惣兵卫赖照及多门传八郎重共（均后述）等次要人物。

焦躁不安的家臣们

元禄十四年二月，浅野内匠头在老中列座[①]下被宣布为敕使御驰走役。因为是每年例行的仪式，不，正因为是每年例行的仪式，所以在接待规格上绝不能逊于上年。内匠头的这份操心自不必说了。

而且这一年担任顾问的上野介比往常更为挑剔。他平日里就颐指气使惯了，再加上这一年要按照纲吉的意思对接待工作格外用心，所以指挥工作时事事小心细致，每个细节都不放过，简直达到了吹毛求疵的程度。内匠头每天按照指示里外奔忙、殚精竭虑，将敕使接到传奏公馆后更是每日里迎来送往马不停蹄，最后整个人都瘦了一大圈。

出于以上缘由，在朝廷使臣逗留江户期间，内匠头全天候待在传奏公馆。在江户的家臣中，一部分陪同主君移

① 多人出席之意。

居传奏公馆，其余人分散住在铁炮洲上官邸、南部坂下官邸和本所下官邸这三处官邸，忐忑不安地远距离关注着自家主君的辛苦奔波。

“太可怜了，都瘦成什么样了！”

“吉良大人凭什么那么对待殿下！”

“殿下是在拼命忍耐哪！咱们也要体谅他的心情，别惹出不必要的事端。”

陪同内匠头住在传奏公馆的亲随们，亲眼看到主君的苦衷，尚能理解其艰难处境。而守候在藩邸的家臣们却因只是从别人口中听说内匠头憔悴的样子，反倒按捺不住心中的不满，纷纷指责江户家老[①]办事不力。

“安井大人和藤井大人都在干什么啊？明明可以想办法拒绝这个御驰走役的工作的。”

“两个人做事情都是磨磨蹭蹭的，处理问题总是慢半拍，都不知吃了多少亏了！”

“怎么就不能学得聪明点呢?!”

“真希望江户家老能再精明果断些啊！”

赤穗藩的江户家老是安井彦右卫门（六百五十石）、藤井又左卫门（八百石）二人。他们常住江户，负责本藩与幕府及其他藩之间的对外联络事宜，可以说是一藩的

① 江户时代，驻守江户藩邸的家臣之长。

外交官。赤穗藩是否必须接受敕使接待任务要看江户家老的手腕如何，由他们的能力决定。

关于接待敕使这类需由大名承担的杂务，其人选的决定权事实上在奥右笔[①]手里。当年想让哪里的哪位大名来承担御驰走役一职，全凭奥右笔的心意决定，于是请托送礼、行贿受贿自然大行其道。至于要做到怎样的程度才合适，则靠双方的心照不宣，关键要看多少金额才能达成一致。

对江户家老来说，跟奥右笔进行此类讨价还价还不是小菜一碟吗？然而他们竟然疏忽了，实在是过于大意，未能好好履行家老的职责！——有很多家臣这样抱怨道。其中为首的便是堀部安兵卫，他住在南部坂下官邸，手下管束着从赤穗来到江户同住在那边宿舍里的赤埴源藏、富森助右卫门、早水藤左卫门、潮田又之丞等人。

但这些家臣们就算嘴上说得再狠，心底也都是为主君着想，所以说到最后，还是变成了对主君的担忧。

“这么说可能有点失礼，但殿下对这个社会还是不大了解啊。”

“这话说的。我看你小子也不见得洞明世事。”

“我自然是不通世事，此间各位都是愚钝木讷、社会

---

① 即幕府机要秘书。

经验极少的，但殿下比我们还糟糕，那可真是毫无经验。”

“吉良大人正好相反，在为人处事方面，可谓老奸巨猾了。”

“要说心眼坏，京都朝廷那些大臣可是一个比一个厉害。”

“殿下不懂人情世故，还不定被他们怎么欺侮呢。一想到这个，我就饭都吃不下。”

“话虽如此，若是能顺利完成此次任务，将军就会君心大悦，浅野家也会受到器重。现在正是需要我等全体臣下咬牙忍耐的时候啊！”

在家臣们的担心焦虑中，日子不断过去，终于到了三月十四日这一天。

凶信传来

从三月十一日开始的敕使接待仪式按照预定日程庄严肃穆地进行着，十四日是最后一天了。按照计划，顺利度过第四天的“答礼日”后，例行仪式便告圆满结束，内匠头领了慰劳的话语，便可卸下这副重任了。余下只需将朝廷的人送出江户城即可。

内匠头一早进殿后，便独自进入御驰走役待命室，连随行的家臣也不得随意会见，所以一起进殿的只有极少数几名近侍，其余人都留在传奏公馆，紧张地等待任务顺利完成的消息。

然而，传来的却是凶信。

正午前后，面无人色的内匠头侧用人片冈源五右卫门高房慌慌张张地前来传奏公馆告急：内匠头出事了！

大家围着惊慌得话也说不利索的源五右卫门，七嘴八舌地询问，好不容易才问出事情梗概。具体发生了什么尚不清楚，只知道殿下在殿中突然砍伤吉良上野介，自己也被抓了起来，目前被关押在田村右京大夫建显（陆奥一关、三万石）府中。

听到这个突如其来的消息，大家都惊呆了，一时间能够想到的主意也是毫无章法。

“这确实是考虑不周啊，殿下难道不知在殿中拔刀是被严厉禁止的吗?!”

“此言差矣。殿下是明明知道，但实在忍无可忍才拔刀的。殿下！我完全理解您的感受!”

“且慢！此事背后定有重大原因，我等还是先多方了解一下事情的来龙去脉为好。”

“没错，首先要搞清事情的真相。事已至此，后悔徒劳无益。不过，法令也规定‘喧哗两成败’[①]，所以可恶

① 争斗者双方都要受罚。

的吉良大人也会受到相应的处分吧。”

“说得也是。”

其中也有些被热血冲昏了头脑的家臣，但幕府当局迅速派遣了目付铃木源五右卫门带领徒目付和小人目付①前往传奏公馆镇守，并命令负责此事的江户家老安井彦右卫门和藤井又左卫门“在代替浅野内匠头的新御驰走役确定之前，必须维持传奏公馆安稳无事”。另一方面，铁炮洲的赤穗藩上官邸处，由浅野家的姻亲户田采女正氏定（美浓大垣、十万石）出面安抚。很快传奏公馆骚乱平息、恢复平静，浅野家臣们在接替御驰走役工作的户田能登守忠真（下总佐仓、六万七千八百余石）到达后，便撤出公馆，前往铁炮洲的上官邸。

派出紧急信使

藩邸这边接到消息后，起初惊慌失措、乱作一团，好在其中还有人比较沉得住气，提出“须立即将事情的经过通知藩里”，于是紧急派遣信使赶往播州赤穗。

下午二时左右（未时下刻②），早水藤左卫门和茅野

① 徒目付和小人目付均为江户幕府官职名，受目付指挥，前者进行警卫、侦查等工作，后者进行侦查、事故处理、监狱巡逻、随同目付出差等工作。

② 把一个时辰分为三等分，最后四十分钟即为下刻。

三平二人便已乘坐加急的轿子出发。因为内匠头所受的处分此时尚不明确，故二人所要传达的内容只是“今早殿下在江户城中与吉良上野介发生冲突，现关押在田村右京大夫处”（『江赤見聞記』，着重号为作者所加）。值得注意的是，使者们给赤穗藩内传达的信息中还包括这样一句话：“札座（赤穗藩币发行机构）的事拜托各位了。”这说明在这一阶段，所有家臣仍对赤穗藩的存续抱着强烈希望。

藩邸那边已由藤井又左卫门先行说明了情况，内匠头的弟弟浅野大学长广以及广岛的浅野本家的使者也已急忙赶到，情况自然也和传奏公馆一样，一片混乱。当月轮值的老中土屋相模守政直（常陆土浦、六万五千石）严命户田采女正和浅野大学压制住赤穗浅野家一众人等。二人坚守这一方针，并共同向全体浅野家臣通报了“主人内匠头因行为失礼被判处切腹”这一结果。这完全是不由分说的强行处置。七时左右（申时下刻）田村府上派来使者通知“来领取内匠头的尸首”。

事情发展得如此之快，使整个官邸上下群情激愤。以中小姓大高源五为首的几个人对幕府的判决不服，愤然提出抗议。但终究还是认为“家业更重要”的一派占了多数，认为主君的事情虽然已无力回天，但至少要努力确保赤穗浅野家的延续，所以大高源五等几人的抗议并不能改变整体的气氛。更何况铁炮洲官邸四周还被目付们带来的士兵围得水泄不通。

此时派往赤穗告急的第二拨使者出发了，启程的具体时刻不明。使者是原惣右卫门元辰和大石濑左卫门信清二人，此次信中内容是通报内匠头被迫切腹一事。

入夜后，浅野大学又写了一封与前封主旨稍异的信，通过足轻传书（让足轻传递的信件）送往留在赤穗的大石内藏助和大野九郎兵卫二人。在信末追加的“又及”部分中，浅野大学特意强调了“之前派遣早水、茅野二人传信时，已言明第一要务是拜托各位管理好札座”。这一点颇令人玩味，看来浅野大学有他自己的想法。

浅野内匠头的遗体从位于爱宕下（现东京都港区西新桥）的田村府被移送至高轮的泉岳寺。冷清的葬礼上安井和藤井两位江户家老都未现身，始终陪伴在遗体左右的片冈源五右卫门、矶贝十郎左卫门正久、田中贞四郎（后退出同盟）、中村清右卫门（同前）四人在泉岳寺落发为僧。

住在南部坂下官邸的长屋里的堀部安兵卫被派往铁炮洲上官邸维持秩序。从十四日深夜开始，正门已禁止出入，但有些消息灵通的町人[①]不知从哪里听说了浅野家危

① 江户时代城市中的手工业者和商人。

急的消息，成群结队地前来试图抢夺家具财物。有些人甚至把船划到铁炮洲河（官邸外围的运河）上，想要从水路进入宅邸。堀部等人牢牢锁住闸门，阻止了他们的非法侵入。

赤穗藩的资金周转

然而因为铁炮洲上官邸及其他各赤穗官邸全都被充公（没收），所以家具财物也不得不运走，赤穗藩在这方面也做得有条不紊。

> 在这样的仓促忙乱之中仍安排得井井有条，为搬走江户官邸中的家当，调集了百余艘小船，船身上分别印上红色的“一”“二”“三”等字样作为标志。家臣们被分成数组，各宅院的东西按编号运出装船，分别驶往预定的目的地。
>
> （『介石記』卷第一）

在短时间内就调集了一百多艘运输用的小船，将堆积如山的物品迅速处理完毕，赤穗藩展现出一流的管理能力。如此卓越的调配能力源于何处呢？还有之前两次三番在仓促之间备好快轿的那份实力也着实了得。

虽说事态万分紧急，但江户至赤穗的路程毕竟有一百五十五日里（约620公里）。然而不论是第一批还是第二批信使都只用了四天半就走完全程，这一成为后世美谈的速度委实令人惊异。参勤交代的行程规定是十七天，由此可见信使们的速度有多快。赤穗藩能做到这一点的原因何在呢？

第二批信使之一的原惣右卫门后来这样说过：

我们藩从以前开始就经常用金银给传马町[①]的中间商付账。此次送信途中想必也是如此对待那些中间商的吧。要想走得快是相当不容易的，我怀中平素总是揣着二十两左右的金子。

江户的传马町有许多为各地大名提供公用驿马（驿递用的马匹）和徭役（政府规定的劳役）的中间商。赤穗藩因要运盐而经常与驿马中间商打交道，每次都是用现金结算，这已成为惯例。由于赤穗藩惯用金子交易，所以在各个方面都很“吃得开”。

从货币经济的渗透程度这一点来看，赤穗藩的确是先进的、开明的。而这一点在对吉良的关系上却没能很好地发挥作用。在内匠头和吉良之间，围绕金钱的使用产生了摩擦（后述）。对藩士们来说，这应当说是令人无比痛惜

① 日本旧驿站名，因驿站备有名为传马的驿马而得名。

的历史讽刺吧。

不幸的是，赤穗藩的这个优势却在内匠头死去很久以后得以发挥巨大作用。堀内传右卫门这样写道：

> 内匠头的御用金由内藏助保管，一直资助着各位兄弟。这次据说不光对东下江户的人，便是对住在江户的人也给予了相应数额的金银。
>
> （同前）

可见赤穗藩内里的殷实对后来的复仇也发挥了作用。

2　伤人事件的真相与剖析

司茶人的话

导致主君内匠头死于非命的伤人事件为何又如何发生的呢？老中所宣布的“因行为失礼被判处切腹”这个理由实在让堀部安兵卫和大高源五等人难以信服，于是他们开始独自进行调查，决心要找出真相。

首先是向事件发生时正在现场的直接目击者打听。所幸有几位当时在松之廊下伺候的司茶人向他们讲述了当时的情景。

比如其中有一人，事发当日恰好也在御驰走役待命室。这个待命室是临时设在有着松树图案的隔扇——这正是“松之廊下”这一称呼的由来——后面的，是御驰走役的固定座席。也就是说，这位司茶人在极近距离目击了这一事件。

> 因纲吉夫人要向敕使等人赠送礼品等事宜，担任御留守居[①]的梶川与惣兵卫大人来到高家座席处，将上野介大人叫到廊下说话。内匠头大人本是与伊达左京大人（御驰走役的搭档）坐在一起的，此时突然说了声“我去去就来”，便站起身来沿着廊下走到上野介身后，说道“你还记得吧！”，然后就朝他背上砍了两刀。与惣兵卫大人赶忙抱住他，不让他再动手。此时，因为砍第一刀时动静很大，所以有好多朝廷的人以及年轻僧人等都跑了过来。内匠头大人的刀被与惣兵卫夺了下来收回鞘中。
>
> （『元禄世间咄風聞集』）

这段场景描写将梶川与惣兵卫的形象也纳入了视野，

---

① 江户幕府官职名，负责守卫江户城中将军夫人的住所，将军不在时负责城中警备。

可见显然是梶川以外以第三者角度观察这一事件的某位人物所见，对与惣兵卫和上野介说话的场景采取的是一种外部观察的视角。而且我们还知道了内匠头直到伤人之前都是与搭档左京亮村丰（伊予吉田、三万石）坐在一起的。内匠头对坐在身旁的左京亮道了声“我去去就来”，便起身走到廊下，从上野介背后质问他“你还记得吧!”，同时突然砍了他两刀。

各人物的位置关系

在此我们先来对事发现场松之廊下的位置稍做介绍(参见图2)。

在江户城内，将军用来执行公务的“前殿”有大广间（四百席多一点）、白书院（一百二十席）和黑书院(近八十席）等几个大房间。从位于江户城本丸御殿①的大广间到将军会客所用的白书院之间，有一条很长的呈直角形状的走廊相连，“松之廊下”便是对这条走廊的通称。它得名于走廊一侧的隔扇上所绘的松树和鸻鸟图案。从大广间到走廊转角处的距离是十间半（约 19 米），从转角再到白书院是十七间半（约 32 米）。两部分形成一个直角，都朝向建筑物围出的一片井式中庭。

① 将军居所。

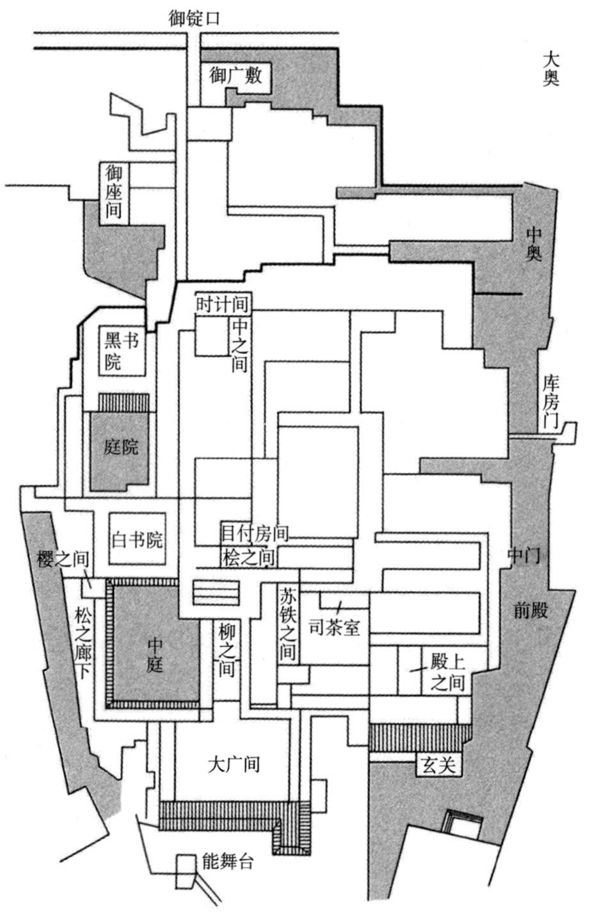

图 2　江户城平面图

图内地点说明（译者注）：

御锭口："上锁的门"之意。将宅邸前后部隔开，每日定时上锁。

御广敷：后院小客厅。

大奥：后院，女眷居所。
御座间：贵人坐处。
中奥：将军居所。
黑书院：以黑色为主的客厅，书院式建筑。
时计间：有僧人值班，负责通报时间的房间。
中之间：位于宅邸中间的房间。
中门：正门和厨房门（后门）之间的便门。
殿上之间：殿上人房间，殿上人指四品及部分五品、六品官员。
大广间：大客厅。
能舞台：演出能乐的舞台。
资料来源：野口武彦『忠臣蔵——赤穂事件・史実の肉声』ちくま文庫。

中庭对面，沿着走廊是一排图 2 中未标出名称的房间。这些房间平素总是隔扇紧闭，其中邻近白书院的那间名为“上部屋”，是御三家的待命室。靠近大广间的“下部屋”则设有加贺藩前田家、越前藩松平家等大身大名①的席位。事发当天御驰走人的待命室好像就是设在这里的。

对于待命室里的内匠头和从廊下走来跟上野介站在一处开始谈话的与惣兵卫二人，司茶人看得同样清楚。然后内匠头离开座位，从走廊绕到上野介身后，边说了句什么边砍向了对方。

显然内匠头的杀机并非萌生于那一刹那，而是多少经过一段时间酝酿的。

---

①　身份高的大名。

内匠头在自己座位上注视着上野介和与惣兵卫谈话、听着他们声音的这段时间，究竟是怎样的一种心情呢？这段时间足以让他感受自己心中压抑的怒火一点点逼近临界点。从离席到走到廊下虽然只是短短几个刹那，却足以让他细细咀嚼品味这种愤怒。

在他的脑海中，这一瞬间定然如电光火石般进行着激烈的自问自答：怎么办？要动手吗？早上那令人难以忍受的屈辱的片言只语从脑海掠过，使内匠头浑身都被点燃。管他三七二十一！谁也阻止不了我！不雪此耻，有何面目立于天地间！

按照元禄时期的风气，有怨而不报乃是奇耻大辱，足以令人颜面扫地。之前的证词中提到内匠头对上野介说了句“你还记得吧!”，这与相关研究常常引用的《梶川与惣兵卫日记》的两种抄本之一，即东京大学史料编纂所抄本中记载的“内匠头怒斥道：‘这些日子的仇怨你还记得吧!’”这一说法是完全一致的。

内匠头怒不可遏的原因

原来如此！殿下是这样砍伤上野介大人的啊。这一目击证词应该可以充分说明此次事件并非“发疯”而是“争斗”。拔刀固然不对，但殿下绝非单方面的加害者，吉良大人激怒殿下也是有责任的。这件事双方都有责任，毫无疑问是一场争斗嘛，当然应该按照“喧哗两成败”的法理来处理。

虽说是争斗，其直接原因却是言语上的不愉快。上野介一定是说了一句什么难听的话，让内匠头愤怒得失去理智。百思不得其解的堀部安兵卫求教于岳父弥兵卫，弥兵卫不假思索道：

> 在传奏公馆，吉良上野介大人也说了许多难听的话，殿下考虑到公务第一就忍下了。但据说在殿上众目睽睽之下，他说的那些话极为不堪，足以令一个武士颜面扫地。所以殿下那样做，定是觉得若错过这个机会便会成为一生的耻辱吧。我们都知道，侮辱人就如同杀人一样，二者都是绝对的禁忌。当然不可能就此轻易放过上野介大人。
>
> （『堀部金丸覚書[①]』，着重号为作者所加）

看来吉良上野介一定是对浅野内匠头说了一句起到决定性作用的话，而这是身为一名武士绝对不可以对另一名武士说的话。安兵卫不着痕迹地多方打听，却发现人们虽

① “觉书”即备忘录，也指为特定目的而做的记录，多在近世初期出现，有“书上”“闻书”“留书”等多种形式。

然知道却都对此避而不谈，仿佛那是个不可触碰的禁忌。

于是，引发整个事件的那句话，便只是以臆测和传说的形式留存在世间了。

广岛藩历代藩主的记录《济美录》中，有一篇关于浅野家族赤穗旁支的《冷光君御传记》（冷光君是长矩的法号），其中就此事多次援引了一位名为西山小左卫门昌兼的人物所撰写的实录《诚尽忠臣记》（现已失传）。

例如：

> ①上野介起初指示说给敕使赠礼只需两三次即可，但实际上是依照惯例进行的，这使内匠头大失颜面。

> ②上野介先是指示说，是否更换敕使下榻的寮房[①]中的榻榻米由内匠头自行决定，但等到出了问题又说“明明是花点钱就能解决的问题”，让内匠头颜面扫地。

如此这般，全都令内匠头屡屡感到不快。直至事发当日早上，因是当面答礼的日子，内匠头也需进入江户城，便在上野介出发前，在传奏公馆的玄关前征询其意

---

① 寺院中供香客住宿的房间。

见：“今日迎送敕使之规格礼仪，便与昨日登城时相同可否？”

③上野介用嘲讽的口吻不耐烦地回答道：“这种事情，每年不都一样吗？问问前辈们不就知道了？您怎么事到如今还来问这个?!”此外还说了许多难听的话。

当日一早还未从传奏公馆出发时所发生的这一幕，可以说是松之廊下那一幕的前奏，两人——特别是内匠头——赌着气进了江户城，然后很快便发生了那场决定命运的冲突。

五百两之差

却说上野介对内匠头这般不留情面的原因何在呢？关于这点，早在事发后不久坊间便有流言，谴责上野介过于贪婪，譬如他经常利用敕使接待顾问这一职务之便“大量收受贿赂及索贿”（室鳩巢『赤穂義人録』），等等。

之前提到的《元禄世间咄风闻集》中也记载了事件后不久张贴出来的一首打油诗：

贪心厚脸皮　就是道理

割也割不穿　上野的脸
（欲の皮厚きことこそ道理なれ
切りても切れぬ上野が面）

可见受贿一说风靡一时，人们认为内匠头持刀伤人是因为行贿不周而受到上野介刁难，于是内匠头自然而然被定位成一个为人耿直、讨厌阿谀奉承的正义形象。

其实这里有一份基本同时期的资料，对二人之间的过节做出了详细说明，那便是之前提到过的江户派俳人水间沾德记录的《浅野氏家灭亡之根源》（「浅野氏家滅亡之濫觴」、『沾徳随筆』所収）。据考该文写作于享保年间（1716～1736）。

元禄十四年二月，浅野内匠头由老中列座任命为敕使御驰走役。内匠头曾于十八年前的天和三年担任过此职，当时的花费为金四百五六十两。此次为慎重起见，向元禄十年曾任此职的伊东出云守（祐实、日向饫肥、五万一千石）借来入用帐（账簿）查看，发现花费竟达一千二百两。内匠头是个死心眼儿，便打算将开销压缩到七百两左右。这一估算错误便是所有事情的开端。

二月当值的高家还是畠山民部大辅（基玄），所以内匠头得以与之商榷。到了三月换成吉良上野介当值，他听了内匠头想用七百两完成接待任务的想法后并不赞成，说这么重要的御驰走役采取这种方针可不行。于是两人之间渐生龃龉。结果内匠头还是依照十八年前的会计记录，坚持按十八年前的规格进行，到底是年轻气盛啊。

需要注意的是，此处明确指出经费的预算金额是“一千二百两”对“七百两”。

把对方提示的“市场价”足足压缩了五百两，浅野内匠头莫非是个吝啬的大名吗?

水间沾德文中写到“因浅野氏性迫”，意思比较含混，但日文汉字中“迫”与“薄”为同音通假，总之不是什么好的意思。说得好听点是节俭，说得明白点就是小气。这可能就是世人对内匠头的普遍印象吧。

二十年间

将开支压缩五百两算是小气还是节俭，我们很难断言。但至少可以肯定的一点是，内匠头认为从藩库里支出这些金额是一种不必要的开支。

此时的赤穗藩已在食盐商品化的基础上开始发行通用的藩币（银票）。这些银票的流通范围相当广泛，不仅包括赤穗藩领地，还扩展到冈山藩的部分地区。增强盐业基础也需要开拓盐田、疏浚港口、配置水管和水桶等各种前期投资，所以金钱的有效使用途径有无数个。内匠头之所以在金额方面没有对上野介唯命是从，可以说也是有充分理由的。

但这一问题的背后是这两人的想法丝毫无法改变的经济史上的大断裂，那便是幕府的货币改铸政策引发的物价飞涨。天和三年的四百两，到了约二十年后的元禄十四年已经不值这个价了，原本四百两的东西要用八百两才能买到也不是什么稀奇事。内匠头似乎对这些情况并不了解。

纲吉政权为扭转幕府财政窘迫的局面，任用精通财政的荻原重秀为勘定奉行，进行了货币改铸，这点在第一章“元禄之春”中已经讲过。这一时期大量铸造的新货币被称作“元禄金银”，其成色（货币中所含金银的比例）不足导致货币价值严重下降，并迅速反映在物价上，造成物价上涨。

元禄通胀实况

大坂怀德堂[①]的町人学者草间直方在其著作《三货图

① 江户中期至后期的一所乡学。

汇》（『三貨図彙』）中对此进行了详细论述。参照该书第五卷关于米价的记载，可看出以下变化（表1）：

表1

年份	米1石	金1两	钱1贯
元禄六年(1693)	52～53匁至60匁	60匁	12匁至13匁
元禄七年(1694)	65～66匁至69匁3分	60匁左右	12匁至15匁
元禄八年(1695)	**70匁左右至80匁**	**60匁4分至60匁5分**	**15匁6分至16匁**
元禄九年(1696)	庆长银/元禄银105匁	同左60匁左右	同左15匁至16匁
元禄十年(1697)	—	—	—
元禄十一年(1698)	—	—	—
元禄十二年(1699)	—	—	—
元禄十三年(1700)	—	—	—
元禄十四年(1701)	80匁至93匁	—	—
元禄十五年(1702)	100匁至110匁	60匁至64～65匁	15～16匁至17匁

在表1中，从左向右依次是米、金、钱（铜）的价格。当时大坂的经济是以银为计价单位的，所以“匁”所表示的换算标准——当时银子是一种称重货币，要用戥秤称出分量来进行交易——是指银子的价格。一贯钱指的是一千枚一文的钱。将金子或铜钱的价格用“代银××匁”来表示，与现代的日本将美元价格用“××日元”

来表示是一样的。

这个表格之前的元禄四年和五年，各地收成一般、米价持平，基本保持在一石米值庆长银五十匁这一水准。元禄六年和七年涨到六十匁和七十匁的原因在于这两年“各地连续严重歉收，百姓陷于饥馑”。

粗体字所示的元禄八年是金银改铸之年，草间直方也写道，“这一年实施了金银改铸，货币成色降低、质量变差，此后米价及各种物品的交易价格便改成以元禄银为标准了”。接下来的元禄九年的记录中注明“庆长银、元禄银同等”，从中可以看出当时幕府无视两种货币的成色差异、强行使之等值流通的痕迹。

接下来的元禄十年到十四年，如表1中所示，有很多空白。并非没有记录，只是两种货币并用造成了严重的混乱，以致无法整理出数据来，于是反映在表格上便是一片空白了。幕府在元禄十年四月首次通告百姓进行新金银（元禄货币）和旧金银（庆长货币）的兑换，到次年即元禄十一年的三月为止，认可二者的“混用”。

元禄十五年的米价从原本的五十匁的基准价一路飙升到一百匁至一百一十匁，亦即两倍以上，这已经不能用元禄六、七年间气候异常所导致的米价变化来解释了。正如草间直方所说的“元禄八、九年之后的物价均为元禄银的价格”，这是货币价值锐减造成的价格上涨。吉良上野介由于职务原因，对所收金币的“价值”定然是极其敏感的；而凡事不拘小节、杂事麻烦事全交家臣处理的内匠头，在这方面则一定不会考虑得很周到。

3　江户城中漫长的一日

可怜内匠头

就这样，在江户城松之廊下，二人不可避免地发生了正面冲突。上野介也许觉得自己只是说了几句斥责的话；但对内匠头来说，那却是让他武士脸面扫地的奇耻大辱，使他瞬间怒火上涌、脑中一片空白，忘了领地，忘了家臣，也忘了自己的安危。

但他最终能做的也不过是尽力用短刀砍伤对方而已，梶川与惣兵卫很容易就从背后将他制服了。

在旁人看来，这次伤人事件不过是一场闹剧罢了。旁边的人不假思索地以为这是内匠头和与惣兵卫之间的争斗，于是首先想将与惣兵卫从内匠头身边拉开。与惣兵卫连忙大声解释，众人才明白原委，转而一起围住势单力孤的内匠头，七手八脚地抓住他，将他押进了司茶室。那情形就仿佛职业棒球赛场上的混战一样，人人争先恐后，唯恐落了口实。内匠头身上还穿着大纹礼服①，乌帽子②也不知落到哪里去了，衣衫不整，十分无助。这位文弱的大名被彪形大汉与惣兵卫毫不费力地制服，“凶器”短刀也被收缴了。

任凭内匠头百般恳求，与惣兵卫完全不为所动，将他死死地按在榻榻米上，反拧了双手。多门传八郎等三位目付实在看不下去，正式接管了内匠头，替他戴上乌帽子、整理好凌乱的礼服，带到苏铁之间（松之廊下对面、中庭另一侧），在北面角落用屏风围出一块地方，让内匠头待在里面，三人轮流看守，因此内匠头甚是高兴。

审讯

上野介也被带到苏铁之间相反的角落，围上屏风，由目付们轮流看守。但他心里仍很忐忑，多次询问：“与内匠头隔得够远吗，他不会又来砍我吧?”

正在此时传来报告，说是大手门的下马口和樱田门的下马口发生骚乱。这两处均设有等候处，供进城办公的大名带去的随从和仆人休息。城内发生争斗的消息立刻就传开了，但因不知当事人姓名，所以大家纷纷为各自的主人

---

① 印有五处大型家徽的衣服。

② 黑漆帽，是成年男子的一种礼帽。

担心，闹得沸反盈天。

据说他们还一窝蜂地涌到玄关前和中之口（役人专用门），硬闯了进去。相关人员立即联系作事奉行①，让他在松木板上用浓墨大字写上“因浅野内匠头砍伤吉良上野介，目前二人均在殿中受审，望随行人员少安毋躁”的字样挂了出去，随后骚乱便大体平息下来，只剩下浅野、吉良两家的随从还在吵嚷。

事情的经过上报到老中和若年寄处后，土屋相模守政直、小笠原佐渡守长重（武藏岩槻、五万五千石）这两位老中和加藤越中守（疑为“佐渡守”）明英（下野壬生、二万五千石）、井上大和守正岑（丹波龟山、四万七千石）这两位若年寄列座，指定传八郎和另外一人负责审问内匠头的“心中所想”，上野介的“想法”则由另外两名目付负责盘查。

“这位大人，您是否做了什么让内匠头怀恨在心的事，使他不顾场合持刀伤人？您定然心中有数吧？还请如实招来。”

“在下完全不知为何会被怀恨在心，完全没有印象。我看内匠头一定是发疯了。”

上野介的回答便是这般，于是被原样上报到上层部

---

① 幕府职务名称之一，负责殿舍的建筑和维修。

门，再由土屋相模守、小笠原佐渡守二人汇报给首席老中柳泽吉保。他们得到的回复是耐心等待指示，于是四位目付便在房间里待命。其间内匠头始终有人看守，上野介那边则有医生前来为其处理了伤口。

过了八刻半（下午三点左右）快七刻（下午四点左右）的时候，由老中下达指示："让上野介先回府休养。"上野介出城走的是平川门，这道门是用于运送死者或罪犯出城的特殊的门，又名"不净门"。吉良府位于吴服桥内(大名小路，离江户城最近，是武士居住区中最好的地段)，而且来接他的人也很多，但他害怕浅野家家臣前来报复，特意绕远路避开传奏公馆门前，从后门进了自家宅邸。

内匠头出城的情景更加凄惨。奉命押送他的一关藩田村家派来囚轿是在八刻半，与上野介被允许回府的时辰相差无几。囚轿从中之口进了城，在司茶室前停下，内匠头身着凌乱的大纹礼服——多门传八郎说给他换上过一身麻布礼服，那么估计是审讯结束后又换回来了吧——被一把搡进轿子里，轿门上了锁，外面甚至还罩上了网，就这样从平川门出了城。一关藩邸在爱宕一带，押送内匠头的一行人在一群手执棍棒的足轻护卫下，于七刻左右进了田村府的后门。这一进，就再也不能活着出来了吧。

幕府对事件的处理方针

从四刻半（上午十一时左右）事件发生，到七刻（下午四时左右）两位当事人的去向——上野介在自己家，内匠头在被看管处——大致确定，按照现在的时制计算，已经过去了约五个小时。事实上在此期间，在江户城的最里面，人们正在十万火急地探讨该如何收拾局面并确定处理方针。

这天是将军在白书院举行仪式，向来到江户城的敕使和院使答礼的日子，偏偏就在这个时候发生了这桩意外。将军纲吉为接待敕使和院使，已经沐浴清洁、梳头整发，正准备穿上衣袍冠带，听到这个消息自然是勃然大怒。但因为是个重要的日子，故而立即下令做出紧急处理。

不管怎样，答礼仪式必须按原计划进行。

①询问是否改换场所举行仪式即可避免血光之秽。

②调查内匠头身为御驰走人竟在重要的仪式当天，而且就在当场造成流血事件的真实原因。

③火速指定新的御驰走役来接替浅野内匠头。

其中①听凭当日的敕使柳原资廉卿[①]裁量；②则如前

① “卿”为三品以上的朝臣。

所述，派遣四名目付，两人一组，分别审讯了内匠头和上野介二人；③的结果也如前述。

敕使这方并未将松之廊下发生的事件看得很严重，答复是“虽然多少有些混乱，但并未污秽到影响当日仪式的程度”。这可以说是当时已经五十八岁的资廉当机立断做出的老于世故的判断，但更确切地说，这是由于他抱着多一事不如少一事的心理，想要尽快了结这桩麻烦事吧。江户城的事件到底只是别人家的事情。

纲吉自然是怒不可遏。他平日里脾气就很暴躁，如此一来怒气自然更是集中到了内匠头一个人头上。吉良上野介有恩于己，或者确切地说，他是纲吉想要获得自己心心念念的桂昌院诰封就必不可少的人物，所以纲吉尽量不想使他受到伤害，在这样一种心理作用下，所有的怨气便都集中到浅野内匠头一人身上了。但这可以说是纲吉个人的私愤，所以就算将军在幕府独揽大权，也不能将这种情况暴露出去，处分必须依法进行，必须是“公正”的。

因此要对上野介和内匠头二人进行“严正”的审讯。对于持刀伤人的原因是什么，内匠头回答说“并非发疯，是与他有仇恨，久已打算杀掉他，才持刀伤人的”，上野介回答说“我不记得做过什么令他怀恨在心的事情。内匠头是发疯了吧”。

对上野介不予处罚

上野介一方说是“发疯”，内匠头本人却予以否定。这为什么会成为问题呢？

在第八代将军德川宗吉主持编纂的《公事方御定书》下卷第七十八条“因精神错乱而杀人”这条中，有“元文三年制定”的如下规定：

> 一、因发疯而杀人者亦处以下手人之刑——适用于杀人犯的斩首刑。但若有确凿证据证明其确属发疯，且受害者家主及亲戚等请求免处此人该刑时，经审议后可向审判官申请重审。
>
> （『德川禁令考』别卷）

这是元文三年（1738）制定的法令，所以自然不可能回溯适用于元禄年间，但法令制定之前必定有某种惯例，从上述法令便可以看出，“发疯”说明犯罪当事人刑事行为能力降低，长期以来一直是酌情减判的理由。

吉良上野介不可能为浅野内匠头设想到这种程度，所以或许可以说，他只是老奸巨猾地认为只要说成“发疯”便可息事宁人吧。

然而事态的发展并不尽如人意。在另一个房间接受审讯的内匠头对于伤人的原因明确表示“并非发疯，是突然之间忍无可忍”。这一句话决定了两人的命运，内匠头成了一名完全的加害者，上野介则被当作单方面的受害者来对待了。

老中的宣判是这样的：

> 浅野内匠头方才不顾场合，在殿中以个人恩怨为由砍伤吉良上野介，行为极端失礼，交由田村右京大夫看管，责令切腹自杀。
>
> 吉良上野介顾及场合，对内匠头未做抵抗，态度可嘉。命吉田意安、栗崎道有分别为其治疗内、外伤。保重身体、安心休养。

对两位当事人的处理结果有非常明显的差别，做出这种差别对待的依据有两点：

> ①是否充分考虑到“殿中”这一公共场合的特殊性。
>
> ②对于对方行使武力是否做出了反应。

吉良上野介充分顾及场合的性质，对于对方的暴力行为未做任何抵抗，因而受到嘉许，被裁定为“态度可嘉”，结果未受处罚。

浅野内匠头则被迫在庭前切腹自杀，时间是白昼尚余一抹明亮的傍晚六时左右。

内匠头头颅落地后，尸体立刻被用棉被裹上，四周围上白色屏风，周围还悬挂了许多风灯，以防夜间出现意外。大目付①和目付们也即刻从田村府撤离，直接进入江户城，看到老中和若年寄都还在那里等着他们。多门传八郎复命说“处理得格外粗疏”，老中和若年寄道了声“辛苦!”，便退到内室，再也没有任何消息了。

一行人退下时是五刻三寸（晚上八时四十分）。当晚四刻（晚上十点）左右，在江户城所有役人终于结束一天的工作踏上回家之路时，被皎皎月光照耀得如同白昼般的大手门下马口一带却熙熙攘攘地挤满了人，这番景象实在是破天荒第一遭。

元禄十四年三月十四日，江户城漫长的一天终于结束了。

① 江户幕府的官职，在老中的手下负责监察大名及幕府政治，从旗本中选任，享受大名的待遇。

第四章　赤穗浅野家的危机

1　交出城堡

城中一片茫然失措

播州赤穗的城下町沸腾了。

城主浅野内匠头因意外事件被迫切腹自杀的噩耗从江户传来，立刻传遍了整个城下町。

第一道消息是在将军府伤人事件刚发生时，在事实尚不明确的情况下由早水藤左卫门和茅野三平从江户送来的。

江户与赤穗间的距离是一百五十日里（约620公里），参勤交代等一般情况下要走十七天，这二人的快轿却只用四天半便走完了全程。他们于三月十四日未之下刻

（下午二时左右）从江户出发，同月十九日卯刻（早上六时左右）到达赤穗。此时尚不知内匠头平安与否。

快轿在某种意义上是种致命的交通工具。其标准规格是六名轿夫，四人抬轿，一人在前面拉着系在前杠上的绳子，一人在后面推着后杠。乘轿子的人虽然必须身着一套名为“早打扮装”① 的行头，但毕竟是长途跋涉，轿子又始终保持急速前进，所以身体所承受的震荡颠簸是非同一般的。

额上绑着头带，身体用整整一匹（长约二丈七尺、宽九寸）白平布紧紧裹住，双手牢牢抓住轿顶垂下来的绳子以固定身体、减轻剧烈的摇晃，口中死死咬住手巾，以免不小心咬断舌头。尽管如此，全身仍被颠得内脏几乎破裂，胃液也呕了出来，胃差点儿就要从喉咙里颠出来。抬轿子的人每到一个驿站就会换上一批新的，轿子里的人则一直被颠到终点（桜井芳昭『駕籠』）。

等到了赤穗，轿中二人都已是气息奄奄、半死不活的状态。早已望眼欲穿的藩士们丝毫不给两人休息的时间，毫不留情地立刻开始询问事情的经过。可怜藤左卫门和三平累得神志模糊，正要陷入沉睡，却又被大声喝醒，接受众人逼供般的询问。

---

① 急行使专用装束。

这一天尚未结束，十九日戌之中刻（晚上八时左右），原惣右卫门和大石濑左卫门作为第二批信使抵达赤穗，带来了内匠头切腹自杀的消息。

所有人的担心顿时化作悲叹和愤怒。但传达的只是现任藩主切腹自杀的消息，接下来赤穗藩将会怎样（领地是否会被没收）还未可知。藩内一片茫然失措。

事实上，除了这两批快轿使者之外，浅野大学可能还托足轻飞脚送过一封急报［『赤穗城引渡覚書[①]（岡島常樹覚書）』］，这点曾在上一章提及。重点是浅野大学在写给首席家老大石内藏助和大野九郎兵卫的“附言”（又及）中嘱咐的“先前遣早水、茅野二人传信时，已言明第一要务是拜托各位管理好札座”。

接二连三地收到这些晴天霹雳般的消息和请求，藩内定是一片茫然失措吧。然而现在不是茫然的时候。家臣们自不必说，也必须设法将领内百姓内心的恐慌降到最低。

从这一瞬间开始，大石内藏助的肩上便压上了常人无法想象的千斤重担，其责任之重可以说超乎想象。从突然失去主君，随后领地又被没收、不再属于自己开始，到四月十九日办完城堡交接手续，正好经过了一个月，这期间内藏助所操的心、所承受的压力定然非同寻常。

① 即赤穗城交接记录。

大石内藏助

以往众多关于忠臣藏的传说给人的感觉，都仿佛是从一开始就拟好了一个复仇的剧本，所有的过渡性情节全都像拼图的碎片一样，朝着夜袭吉良府这一高潮部分一片片被拼到拼图中去。至于赤穗藩中的混乱与不安，还有种种不协调音及内部的分裂之类，都被视为与问题的最终完满解决无关的要素而遭到否定，事实上也被当作杂质淘汰了。然而，当然不可能有这样一条预设好的情节发展线索。

甚至连最初的目的是不是杀入吉良府都值得怀疑。现实中存在多种且多个阶段的不同选项，在选择上有着很大的灵活性。大石内藏助在起初的一段时间内对任何人都未表露自己真正的想法，但这并不意味着他心中有个始终固定不变的计划。他的内心一直在摇摆不定。

描绘历史人物的形象有些类似制作拼版照片，也就是将多个不同的人各自认定是该人物特征的印象汇集到一起，“造出”脸部全貌的技术。

今天，我们在想象大石内藏助真实面貌的时候，总会有种对他很熟悉的感觉，这不过是错觉，因为谁也不知道他真正的样子。尽管如此，大石内藏助在人们心中已有了一个特定的形象，那便是一个心机深沉的人，在做出决定性选择之前始终掩藏着自己真正的意图，决不暴露真心，把不久将要干出一番大事的决心深藏不露。

歌舞伎中有“辛抱役”① 这样一种角色，《假名手本忠臣藏》中的大星由良之助——以大石内藏助为原型——便是其代表。有多位名角儿饰演过这一角色，舞台上塑造出来的各种“固定形象”又在影视作品中得到传承。这一角色必须表现出其他角色所没有的独特的厚重感，当然这并非歌舞伎这一艺术形式本身的“固定形象”。多年前长谷川一夫和片冈千惠藏曾出色地演绎过这一角色，最近的情况不甚明了，或许年轻一代演员会按照现代人的喜好来塑造角色吧。不过大体来说，扮演这一角色的都是美男子。

但从与他同时代的人们的描述来看，真正的内藏助似乎是个其貌不扬的人物。

京都祇园的二轩茶屋曾经有位名叫百合的著名女子，据说是画家池大雅的岳母，认识内藏助。据她说，“大石内藏助是个五短身材的丑陋男子，总在这一带游荡玩乐，人们都指着他笑，说那就是赤穗的家老”（『翁草』卷百九十）。这恐怕是大石为骗过上野介而放浪形骸的那段日子的事情吧。“游荡玩乐”在原文中作“无所事事地晃

① 忍辱负重的角色。

荡”（のらつき），说得委实太贴切了。

大石因外表受到轻视并不只是这一次。早在元禄六年（1693）接收备中松山城的城堡及领地时，大石奉命为队伍殿后，在行进途中“坐在马上打起了瞌睡”（同前书，卷百六十七），受到围观者嘲笑。但他生性“宽宏大量”，似乎并不在意这些琐碎小事。

藩内的人也都认为“内藏助大人只是门第（代代相传的血统）的象征，万事都凭九郎兵卫大人做主”（同前）。也就是说，大石内藏助只是作为出身名门的家臣而被奉于上座，实际操持政务的是大野九郎兵卫。但这是在平时，真正到了非常时期，情况就完全不同了。

比快轿还要快

令人惊讶的是，关于浅野内匠头的一系列消息——殿中伤人、即日切腹、领地被没收——竟在从江户藩邸前往赤穗通知突发事件的快轿到达目的地之前，便已在京都、大坂的商人中间传开了。

至于为什么会传开，具体原因不得而知。但同一时期堂岛[①]的米商常将烽火用于传递米价，后世也曾有投机商人因使用信鸽传递消息而受到幕府处罚。所以他们定是有

① 位于大坂市，自元禄十年开设大米市场后发展起来。

某种特别的“千里耳”。

如前所述，赤穗藩以特产食盐作为抵押发行了银票（代替银货的纸币），且流通量很大。其流通范围已超出藩境，一旦出现无法兑换的情况，上方①商人所受的打击可想而知。所以三月十九日便有大批群众涌到藩政府门前强烈要求兑换银票，并迅速发展成挤兑风波。当务之急要渡过这个难关。那些派驻京都、大坂的藩邸以及常驻江户的藩士们听到要固守城池的消息，纷纷回到赤穗。

京都留守居②小野寺十内秀和、大坂留守居冈本次郎左卫门重之也回到赤穗。还有在江户处理完藩邸交接事宜的片冈源五右卫门、田中贞四郎、矶贝十郎左卫门、中村清右卫门也都回到了赤穗。此时大致是四月上旬。稍晚一些时候，堀部安兵卫处理好亡君的法事后，与高田郡兵卫、奥田孙太夫重盛相约，于四月十四日一起回到赤穗。所有这些人全都要求与大石内藏助见面，所以接待他们也不是件轻松的事。

回到赤穗的这些人中，有许多是好勇斗狠之辈。如堀部安兵卫之流者，整日一副恶狠狠的表情挑衅似地在城下町转悠，让周围的人胆战心惊。

---

① 京都及周边地区。

② 大名在领地居住时被外派代表藩国处理事务的官职，又称“留守居役”。

与赤穗藩相邻的冈山藩一接到邻藩突发变故的消息，迅即采取措施，一方面加强边境防守以防止非常事态下出现混乱局面，另一方面派遣细作偷偷潜入赤穗城打探情况。据其中一份报告称，“城中札场①的役所前聚集了大群当地町人和农民，中间还混杂着从其他藩来的人，闹得沸反盈天”（「冈山藩忍の報告②」）。

藩币的处理

据《浅野赤穗藩藩币处理记录》（『浅野赤穗藩藩札処理記録』）记载，截至元禄十四年三月，赤穗藩的银票发行量为九百贯，实际持有的兑换银（兑换准备银）为七百贯，不足的二百贯原定是以盐田的杂税（未收）为抵押的，中途却生出一笔“无凭据支出”，使这笔杂税在未收之时便已挪用作向大坂借银的担保了。若是认为这“无凭据支出”的临时费用便是那笔需要赤穗藩自掏腰包的敕使接待费，应当无误。

也就是说，现在不仅填不上这个亏空，还落到了藩主切腹、领地被没收的境地，藩政府还未能把握事态全貌，便有大批债主蜂拥而至了。

① 江户时代在人多的十字路口或桥上立有颁布种种布告和禁令的“制札”，这种地方就叫作“札场”。

② “谍报”之意。

如此一来，之前一直指望着的盐田的钱便收不上来。大家产生“墙倒众人推”的心理也是人之常情。

讨债是场不讲仁义的战争。那些蜂拥而至要求兑换的商人中还有来自四国和家岛（赤穗东南、位于播磨滩的岛屿）一带的，个个都是满口嘲讽谩骂。札座①应付不了这种混乱局面，于是不光札座工作人员全体出动，连保卫人员和足轻也头系硬芯（里面裹着硬物的）缠头布、手持短枪，从旁护卫着工作人员，以使兑换业务顺利进行。

支付工作当然不可能就这样轻松完成，准备金不足的部分还要设法筹措。三月十九日夜，番头②外山源左卫门经水路前往广岛，用已故的内匠头的名义厚着脸皮向其本家——广岛藩浅野家请求三百贯银的援助。

不料却被该藩的留守居家老冲权大夫婉拒，理由是“眼下藩主（浅野纲长）正在江户，仅凭我一己之见无法定夺”（『顕妙公済美録』）。而且纲长还在三月二十六日从江户派了用人③井上团右卫门等六名使者气势汹汹地从江户来到赤穗，说了这样一番话：“内匠头此次所为，身为御驰走役而不顾时间与场合，违背国法，失仪至极，乃至安艺守（纲长）亦深感困扰。故命尔等今后不得再生

① 发行藩币的役所。

② 相当于警卫长。

③ 江户时代大名、旗本家中负责财务，杂务的人。

任何事端，速速交出城堡”（同前）。

但也不是所有亲戚都这么冷漠。被广岛冷冰冰地拒绝了之后，赤穗藩在三月二十三日又与备后三次藩进行了沟通，结果藩主浅野土佐守长澄——相当于内匠头长矩的远房堂兄弟——将该藩内流通的赤穗藩币全数兑换成了银子交给他们。同是浅野一门，做出的反应却有天壤之别。

就这样，经过多方奔走，这个为收拾残局而紧急组成的债务处理委员会总算喘过一口气来，开始着手处理藩币，最后还勉强凑出了总计一千三百零二两银子，用作给失业的旧藩士的救济金（失业津贴）。

大石与大野齐心协力

在赤穗藩的这个可称为“善后内阁”的机构中处理困难的清算工作的是大石内藏助和大野九郎兵卫二人。据说此时大石内藏助是首席家老而非城代家老①，城代家老乃是大野九郎兵卫（内海定治郎『真説赤穗義士録』）。

二人需要解决的燃眉之急首先是处理藩币。大石和大野打算以“六折兑换”的方式渡过这迫在眉睫的危机。据之前引用过的《浅野赤穗藩藩币处理记录》记载，藩政府发现“准备金不足”，大吃一惊，便“从翌日起以六

① 主君不在时负责城中事务的人。

折进行兑换。十九日夜，原惣右卫门与大石濑左卫门抵达赤穗”。也就是说，从三月二十日起实施了“六折兑换”，即假设手头有张面值十分的藩币，便可兑换为六分现银。

赤穗藩已濒临破产，究竟能有多少支付能力？精明的商人们纷纷涌入城中，想要趁机廉价收购武士们不用的武器和马具等，藩士中也有人开始将妻子儿女送回乡下老家。

赤穗的城下町天翻地覆、一片混乱。对于这番混乱及其平息的过程，与之毗邻的冈山藩派出的细作进行了细致周密的调查和汇报。另外，幕府肯定也派出了密探，只是没有暴露在明面儿上而已。

冈山藩细作头领浅野濑兵卫的报告中提到，三月二十二日，来自藩内外的大批町人和百姓涌到札座，气势汹汹地吵嚷说“六折兑换”就会整整损失四成。持有大量银票的富裕町人等在一旁静观其变，打算等过阵子负责接收城堡的目付和代官①从江户到来之后再向他们提出控诉。众人心思各异，但札座始终坚持强硬态度，说即使接收城堡的使者来到，他们仍将坚持同样的“六折兑换”，如此打消了人们的侥幸心理，来讨债的人也终于减少，藩政府总算是渡过了危机。

---

① 江户幕府的官员，负责管理幕府直辖地、征收租税等。

虽说是打折偿付，但清偿毕竟是清偿。在旧主切腹、领地改易后仅仅十五六日内，藩政府便清偿了本藩所有债务，不得不说其手腕实在高明。在藩币这件事情的处理上，靠的完全是大石和大野的齐心协力。大野九郎兵卫有着一名出色的经济官僚所应有的素养，经过精心计算提出“六折兑换”这一方案并认为它一定行得通的也有可能是大野。

藩币兑换工作毫无阻滞地顺利结束是在三月二十六日。然后从三月二十七日起，全体家臣进入城中，在城内的大广间举行了为期三天的商讨会，广岛本家和三次藩浅野家派来的使者也列席其中。二十八日江户派来的町飞脚[1]到达城中，告知众人荒木十左卫门政羽和榊原采女政殊二人被任命为接收赤穗城的收城目付。此次会议原本是要讨论并得出藩士们的总体意见的，现在大家因为知道了城堡最终会被没收，便出现了意见上的分歧。可选择的范围已经缩小，如果不想不知羞耻地交出城堡，便只有守城不交或者切腹这两种选择。于是商讨会上众人意见百出、吵吵嚷嚷，完全无法得出一致的意见。

大石和大野之间由此生出嫌隙。

---

① 日本旧时民间经营的信使，于宽文三年（1663）获幕府许可。

藩内意见四分五裂

大野九郎兵卫的意见是先平安无事地交接了城堡，之后再考虑重振家业的问题。原惣右卫门、奥野将监定良、进藤源四郎俊式等人则认为：吉良上野介还活着，赤穗却已家破人亡，这实在让人痛心之至；但话虽如此，若是守城不交又成了对抗将军，所以唯一的方法便是当着使者的面在城中切腹自尽。

不知为何，无人主张守城不交，亦即彻底对抗。

大石内藏助此时没有表露自己的真实想法。总之当时会议以这样一种形式达成了一致：“决定采取切腹这一方针。同意的人向内藏助提交了誓约书，共六十余人”（『江赤見聞記』卷一）。

内藏助对于藩内这种意见四分五裂的状态似乎感到非常头疼，但为顶住幕府的压力又必须极力掩盖这种不团结的状态。

三月二十九日物头①（足轻大将）多川九左卫门和月冈治右卫门二人作为陈情使被紧急派往江户，受命在荒木和榊原从江户出发之前将大石内藏助亲笔书写的陈情书亲手交给两位目付。其内容如下：

① 武头，统率弓箭组和火枪组的头领。

> 家中武士粗蛮者多，也不懂礼法，一心只为主君着想，看到吉良大人平安无事，己方却家破人亡，不觉悲从中来。无论我等家老如何劝解，这些粗人也完全不能领会，实在难以说服他们。所以虽然很难开口，但还是恳请两位大人设法做做工作，不奢望能让上野介大人受到惩罚，至少也使处理结果能让一众家臣接受。关于这点，若是等两位大人到了本地（赤穗）之后再提出来，**恐怕会给城堡交接工作带来阻碍**，所以趁现在先行告知。
>
> （「大垣藩户田氏播州赤穗一卷覚書」，着重号为笔者所加）

还有另一个版本，载于《堀部武庸笔记》上册，内容与此大异其趣，所用的是一种极为激烈的，甚至可以说是威胁性的口吻。

> 既知道上野介大人尚存人世，我等家破人亡之辈该以何颜面苟活世间?!——这是家中全体人员共同的想法。到底是乡下人，无论如何解释，他们也不能接受。但如果二位大人能设法使我等即使家破人亡也能安心的话，情况则另当别论。如若不然，则我等全体家臣虽然完全没有与上头对抗的意思，但都已做好

坚守赤穗城直至饿死的思想准备。特此申明。

虽然有上述语气的差异，但毫无疑问大石内藏助想要传达出一点，那便是家中全体人员都已做好一死的思想准备。堀部安兵卫则将这种“一死的思想准备”表现得更加夸张。

交接城堡

被派往江户的多川和月冈无能之至。

二人于四月四日抵达江户，但此时两目付早已出发前往目的地（四月二日）。内藏助激动地斥责两人为何没追到大坂去，结果多川、月冈二人慌了手脚，将事态搞得更糟。二人私自去和内藏助命他们万万不可去见的那两位江户家老安井和藤井商量，把一切都告诉他们了。

这可太失态了。内藏助的苦肉计完全暴露在户田采女正的面前了。多川和月冈于四月十一日垂头丧气地回到赤穗，被内藏助狠狠斥责了一番。

后来大石内藏助对闯到赤穗来兴师问罪的堀部安兵卫这样解释道：

“即使是守城不交，若事后被人说成是浅野大学大人指使的，那就太遗憾了。而且那样不光会造成大学大人身败名裂，甚至还有可能造成浅野这个名号从此断绝。”

即使要采取守城作战的方针，但己方的用意已昭然若揭，浅野家复兴之事也就越发困难了，因此他才会说“放弃守城不交这条路”。这样一来，选项又少了一个。

无论浅野全体家臣怎样咬牙切齿，赤穗城交接的各项准备工作仍按部就班地，更确切地说是公事公办地进行着。内藏助唯有将一缕希望寄托在友善的姻亲户田采女正身上了。除了之前所说的那封写给浅野全体家臣的信件之外，多川和月冈二人还带回了户田采女正的口头秘密承诺。据时任札座勘定方[①]冈岛八十右卫门所著《赤穗城引渡觉书》记载，采女正私下里表达了这样的意思：“你（内藏助）的意见我已转达给两位目付，但以一名收城目付的职权，对堂堂一个大名家的存续与复兴是无权置喙的，这点你要心中有数。不过我决不会做对浅野大学不利的事情。”

但是户田采女正就算对赤穗浅野家再好，人却不在当地，只不过是从江户进行遥控而已。这或许只是一种外交辞令而已。内藏助虽然对这点心知肚明，但仍要设法安抚家中人心。于是他向家臣们亮出了自己的最后一张牌：“作为放弃守城不交的条件，会请求幕府采取能够保全大学大人体面、能够使他在人前抬起头来的方针”，这是他的底线（『堀部武庸筆記』上）。

就在多川、月冈二人带着采女正的这份口信“礼物”

① 即会计。

回到赤穗的次日，即四月十二日，内藏助向可以说是采女正代理人的中川甚五兵卫（守雄）传达了同意交出城堡之意，通知文书是他与大野九郎兵卫联名签署的：

> 户田采女正大人一再劝阻。事已至此，别无他法，只得先平稳交接了城堡，然后再做打算。我等这样商定之后，便郑重告知了各位同志，打算今后专心处理交接城堡的各项实务手续，制定万全的责任部署。
>
> （『江赤見聞記』卷一）

户田采女正做出了某种保证的这一印象也许只是一厢情愿的猜想，但似乎被有意识地在整个家中散布开来。另外，在事件后不久的宝永四年（1707），据传津山藩有位名为小川恒充的武士写了本《忠诚后鉴录》，在第二卷中描述了这样一个场景：在那次争执激烈的城内商讨会上，大石内藏助、原惣右卫门、吉田忠左卫门等老臣拼命劝说众人道："事已至此，便听从采女正大人指示，先安稳无事地交出城堡，然后再请求大人向上头陈情，重新起用大学大人，赐予其大名身份吧。"

九郎兵卫逃亡

次日即十三日，大野九郎兵卫与大野郡右卫门父子二人逃亡。《江赤见闻记》中记载，就在逃亡前不久，九郎兵卫曾与札座勘定方冈岛八十右卫门之间发生争执。起因是二人互相指责对方私挪（盗用）公款，最后闹得八十右卫门恶狠狠地扬言要拿九郎兵卫血祭。八十右卫门之兄、之前从江户被派往赤穗的第二批急使之一、足轻头领原惣右卫门（三百石）也因为九郎兵卫曾明确主张交出城堡这一方针，当面辱骂了九郎兵卫。

> 九郎兵卫的想法是这样的：他说现在不是各执己见的时候，如果大家都坚持自己的想法，却违背上头的意思，会对大学大人不利。不仅如此，浅野家中各位可能也会变得一贫如洗。所以既然有大学大人在，我们就努力守护好大学大人，这才是忠义之道吧。
>
> （「三次浅野家の重臣忍平右衛門、久保田源大夫、宮尾弥兵衛連署の報告書」『赤穂義士実纂』所収）

事实上直至逃亡前一天的四月十二日，大野还在与大石一道签署联名状，所以可以说，这二人之间的对立不过是方法论上的差异。此人不愧是一名出色的经济官僚，始终遵循着理性主义的行动原则，对进退去留都十分清楚。他作为藩币处理工作的负责人，将善后工作也都推进得井井有条。

大野之所以会就幕府没收城地一事发表妥协性意见，也是出于善意的考虑，认为遵从这一方针才是浅野家复兴的捷径。然而家中冲动凶狠的藩士众多，他也因此屡屡感到生命危险。他定是审时度势，断定现在已是速速逃离的时候了吧。

尤其是原惣右卫门在城中会议上逼问大野九郎兵卫的那一幕，更加促使九郎兵卫产生“跟这样危险的家伙没法共事下去”的念头。惣右卫门手按刀柄、勃然作色，毫不客气地说道：

> 照我听来，您的想法与内藏助大人的简直一个是水、一个是油，毫无相似之处。眼前在座的这些人可全都跟内藏助大人是一个想法，您既然想法不一致，就请速速退席吧！
>
> （『堀内伝右衛門覚書』）

四月十二日深夜，九郎兵卫连女儿也没带，孤身一人消失了。打包好的行李本是寄放在一家商铺里的，后来被没收了。不过在复仇行动即将付诸实施的元禄十五年十一月，应贫困交加的九郎兵卫请求，行李又被返还给他（「77　大石内藏助書状」『忠臣藏』第三卷所收）。九郎兵卫逃亡之后下落不明，但据伊藤梅宇的《见闻谈丛》记载，各地有许多关于其隐姓埋名避世而居的传说。

十分高明，令人佩服

荒木、榊原两位目付于四月十六日抵达赤穗后，立即将内藏助等召来，宣布道：

> 内匠头咎由自取，城堡将被没收，接收城堡的负责人为播磨龙野藩藩主胁坂淡路守安照、备中足守藩藩主木下肥后守谷定。望浅野家中人等遵照仪法妥善交接城堡。
>
> （『江赤見聞記』卷二）

由于仍旧担心浅野家中众人可能会守城不交、负隅顽抗，所以周边诸藩均高度警戒。

备前冈山藩在距赤穗七日里（约 28 公里）的两藩交界处虫明（现冈山县濑户内市）集结了六百军士，播磨明石藩也在海陆两路派出了军队，与赤穗隔濑户内海相望的赞岐高松藩派出兵船八百艘封锁了海面。赞岐丸龟藩和阿波德岛藩也向海上派出兵船。各藩均已做好准备，一旦接到赤穗守城不交的消息，便即刻攻入赤穗。

四月十八日，赤穗城交接工作在庄重肃穆的气氛中进行。荒木、榊原两位目付入城进行实地查看，赤穗藩这方由大石等人引导检查人员，其间还备了汤茶招待他们。城堡交接工作中的“查看确认”便这样正式完成了。

从这日起便已驻扎在城堡周围的胁坂淡路守、木下肥后守于次日即十九日进入城中，清点余下的武器——枪、火枪、硝石、火绳、弓箭之类。账面记录得清清楚楚，并按照交接需要分门别类，以至于两位目付表示：“一切都处理得干净利落，十分高明，令人佩服。”（同上）

不光是幕府的人这样赞叹，当时广岛藩本家派来监视交接工作的用人井上团右卫门也在赤穗城下发出同样的感叹。

井上先前曾口无遮拦地说内匠头所为给亲戚添了大麻烦，后来又因大野九郎兵卫逃亡、所有事情都落到大石一人肩上而感到担忧，最后城堡交接工作顺利完成，他对此大为感动，在四月十九日发往广岛的报告中这样写道：

> 据说账本、目录等要做的工作非常多，但都一一认真细致地完成了，丝毫没有拖延滞后，代官们也都十分震惊。
>
> （「広島藩浅野氏使者の報告書状」）

正因为井上平素总爱吹毛求疵，所以这番话反倒更加真实。

大石一方面如此精心细致地进行着各项工作，令检使们都为之赞叹；另一方面还极尽殷勤郑重——让人看了简直心疼——地招待两位目付，再三恳求他们设法帮助浅野大学东山再起。

因是超出自己权限之事，所以荒木、榊原二人假装没有听见并不作答。在带领二人参观城内的中途于大书院休息时，大石再次提出了同样的恳求，这次也未得到答复。于是第三次，在检使们眼看就要回去的时候，大石向他们俯首行礼道："再三提出恳求，实在惶恐，但……"将同样的话又重复了一遍。

二人的下属石原新左卫门（正氏）实在看不下去，便向荒木说情，说内藏助的请求也合情合理，回江户之后设法替他斡旋一下也无妨吧。荒木无奈，只得回答说回到江户之后会将此事汇报给老中们，然后又征求榊原的同意，榊原也回答说"确实有理"。两目付这才明确地做出了口头承诺。

内藏助的窘境

交接城堡过程中要处理的杂事千头万绪，到五月二十一日，交接工作终于全部结束，荒木和榊原回到江户已是六月一日。二人应该是按照与大石的约定，就浅野家再兴之事向老中和若年寄进行了游说，但坚冰并无融化的趋势。

大石不光是通过幕府这条途径想办法，还千方百计恳求与赤穗藩浅野家有亲缘关系的各家大名帮助主家再兴。五月十七日，他派遣原惣右卫门为使者向广岛浅野家递交了恳求信，然而本家的回复是冷冰冰的，说是因为参勤即将结束要返回领地，所以无法帮忙斡旋。

另外，五月十二日原惣右卫门和冈本次郎左卫门离开赤穗，在大坂与三次藩浅野家进行了沟通（六月三日回到赤穗），想要通过藩主土佐守游说广岛本家。

但是三次藩的答复也很冷淡，说内藏助的想法虽然合情合理，但“现在大学大人正处于闭门处分期间，土佐守大人认为这期间最好避免与幕府之间生起事端，所以要去做幕府官员的工作是绝对不可行的”（『赤穗城引渡一件』[①] 第三）。说白了，他们认为在这个时候提出浅野大学重整家业的问题完全是愚蠢之举。

在对三次藩所做的一系列工作中，有一封原惣右卫门和冈本次郎左卫门联名写给该藩在大坂的用人久保田源太夫的信，其中痛心地描述了内藏助在这期间身处的窘境。

---

① 即“赤穗城交接之事”。

藩中武士皆误以为大学大人重振家业之事，只需浅野族中头面人物向幕府官员略进一言便可实现，所以把怨恨都集中到内藏助一人头上，责怪他为何不去求助。我等看在眼中万分难过，故不揣冒昧呈上此信。

（同前）

在城堡交接前后这段时间，在集体心理作用下，人心极不稳定，全靠内藏助许下重振浅野家的“承诺”（实际上是空头支票）才得以勉强维持稳定。内藏助最迫切需要的便是幕府的口头承诺，然而现在连个影子还没见到。

2　忍辱负重的大石内藏助

离开赤穗

五月十一日，大石内藏助左臂长了一个疔疮。“疔疮”在现代医学上多称为“毛囊炎”，指的是皮脂腺化脓所致的一种皮肤病。这一症状说不定是由过劳和压力太大诱发的疱状湿疹。

手臂的脓肿一度治愈，但二十二日余毒再发并进一步恶化，内藏助终于卧床不起了。他在六月十二日给堀部安兵卫等人的信（『堀部武庸筆記』）中写道，“后来新发的肿块使整个手臂表面都烂掉了”。五月二十二日是赤穗城交接工作结束的日子，脓肿恶化想来绝非偶然。从三月十九日殿中剧变的急报传来，到赤穗城交接重任顺利完成，粗略算来约有两月。这期间处理藩币、统一藩内意见、应对浅野一族、与幕府交涉、努力避免混乱，等等，所有的责任和工作全都压在内藏助一个人肩上。他既要冷静沉着，又要八面玲珑，所承受的压力难以估量，所以身体某部分出现些症状是再自然不过的事情了。

在前述六月十二日那封信中，内藏助告诉对方自己离开赤穗后，寓居“在伏见、大坂一带的幕府领地内”。到了七月，内藏助在京都山科定居下来，但在此之前似乎一直都对自己的居所含糊其词。这种行踪飘忽的做法与他对任何人都未吐露自己关于报仇的真实想法的态度相呼应，可见他并非心中已做出决定却有意掩藏，而是尚未做出决断。

《异说种种》

却说在元禄年间，有位名叫细井广泽的人，与忠臣藏事件的相关人员在某些方面有着出人意料的交集。此人是位著名的儒士兼书法家，因丰富的学识受到柳泽吉保赏识并于元禄六年（1693）被其雇佣。想来他与元禄九年（1696）同样受聘于吉保的少壮学者荻生徂徕之间有过接触。另外他曾师从堀内正春学习剑术，与道场师范代堀部安兵卫武庸关系亲密。在复仇结束后编纂了一级史料《堀部武庸笔记》的也正是广泽。

其门徒中有位名叫乌江正路的男子，曾跟着广泽学习书法。乌江正路是笔名，他其实是下总关宿藩的和田庄太夫。此人留下了一本名为《异说种种》（『異説まちまち』）的随笔，其中有许多颇为耐人寻味的内容，例如：

> ○浅野家臣皆为堀内正春一派弟子，故而近来流行的是直心影流[①]。

> ○堀部安兵卫年轻时，在高田马场的决斗中为人助剑，剑术极为漂亮，也因此机缘成为堀部弥兵卫金丸的入赘女婿。但也许是命中注定要死于刀剑之下吧，他在为主君报仇之后便自尽了。

> ○据细井广泽之子九皋所言，虽然世人皆以为浅野内匠头的仇是大石内藏助所报，但实际上复仇行动全是堀部安兵卫推动的。

---

① 剑术的一个流派，由江户前期山田平左卫门光德所创。

如此看来，《异说种种》认为复仇计划的主导权并非像一般所说的那样握在大石内藏助手中，而是由堀部安兵卫等住在江户的激进派团体掌握。与安兵卫组成搭档的便是大高源五，他当时住在京畿一带。大高源五虽然只是一名领二十石五人扶持的中小姓，担任膳番元方、金奉行、腰物方[①]的中级武士，却与其弟小野寺幸右卫门、外甥冈野九十郎（后称金右卫门）一道加入同盟，与原惣右卫门元辰一同成为京都团队的领袖。不久之后他便与江户的堀部安兵卫团队取得紧密的联系，在多个选项中最终商定采用攻入吉良府的方案，并积极推动大石内藏助执行了这一计划。

若是从这种堀部安兵卫主导说来看的话，大石内藏助似乎一下子变得无足轻重了。那么在这一时期，大石究竟在想些什么呢?

内藏助必须始终站在首席家老的立场上来指导赤穗浪士们的行动，其内心的苦衷定是非比寻常的。身居家老一职，不可能只是单纯地、心无旁骛地向主君尽忠就好。在这一点上，他与堀部安兵卫及大高源五这些普通武士是不一样的。

家老必须为整个家臣集团的生活操心，要设法使大家

① 依次指膳房主管、金库管理员、刀具管理员。

即便成了浪人生活也有着落。他可以说是整个家臣集团利益的代言人，首先得站在领导者的立场上思考。没有亲身体会过的人是无法明白其中的特殊辛苦的。像《异说种种》那样将其一口否定的做法，与其说太冷酷，不如说是根本不明白内藏助所背负的担子有多沉重吧。

三种类型

从殿中伤人到城堡被没收，短短两个月之间，一系列紧急事态以迅雷不及掩耳之势袭来。这期间赤穗浅野家旧臣们所采取的态度大体可分三种，内藏助则因所处立场不属于也不可能属于其中任何一种类型。

第一种以大野九郎兵卫为代表。他看到赤穗藩必将灭亡，便毫不犹豫地将其舍弃，同时又对自己作为一名经济官僚的能力具备充分的自信，因而适时远走他乡。这类人因不愿为人所知，所以比起我们知道名字的，实际人数恐怕还要多得多吧。

第二种是将对主君的个人感情与忠心融为一体、一心复仇的那些人。堀部安兵卫和大高源五所说的话可以说是这种感情的浓缩："可以说主君之仇更重于父母之仇。在我心中始终是主君之命最重。若是主君有命，哪怕是父母的项上人头，我也定会取来"（『堀部武庸筆記』上）；"一个令主人愤恨到连性命都不惜舍弃的敌人，若还让他安安稳稳地活着，便是有辱自古以来和汉两朝的武士之道”（「47 大高源五書状」『忠臣藏』第三卷所収）。

第三种则不像前两种那样有明确的信念，而是抱着一种顺其自然的心态。从数量上来看，这类人应该是最多的。

到了元禄年间，日本虽然仍是同样的封建制等级社会，但支撑着这一等级秩序的人们的心理已发生了巨大的变化。

臣下向主君竭尽忠诚、克己奉公，与此相对，主君则确保臣下及其子孙对领地的所有权（安堵），这便是封建君臣关系的基础。“主君是船，家臣是水”等格言也由此而生。然而，此时这些比喻逐渐变成遥远的梦，主君与臣下的关系职业化，极端点说，几乎像企业中雇主与雇员之间的关系一样了。在这样一种关系下，比起那种冒险也要做出一番成就的主君来，还是踏踏实实为家臣们的生活打算的主君更受欢迎。事实上在很多藩，家臣们都秉持着“主君只限一代，家业却是代代相传的”这样一种想法。

在江户时代，这个叫作赤穗藩的藩国的历史，绝非风平浪静。浅野氏也并非赤穗藩最初的藩主，该藩之前是由池田氏统治的。元和元年（1615）播磨赤穗藩创立时的第一代藩主是池田辉政的第五子池田政纲（德川家康的外孙）。因政纲没有后嗣，辉政第六子、时任播磨平福藩藩主的辉兴便继任成为池田赤穗藩的第二代藩主。但此人在正保二年（1645）突然发疯，因而被改易。同年浅野长直入主该藩，成为浅野赤穗藩的第一代藩主，从此开始了浅野家的时代。到第二代长友在位时，石高增加到五万三千石，该藩看似一切一帆风顺，却不料因第三代藩主长矩的伤人事件，一切都化为泡影。

如今内匠头长矩切腹自尽、赤穗城也被没收，眼下最紧迫的现实问题是，如何解决留下来的这些浅野旧臣的生计问题。据元禄十三年三月的《播州赤穗城主浅野内匠头武士名单》（『播州赤穂城主浅野内匠頭侍帳』）记载，有武士身份的人有二百九十九人，但其中对政府的裁决表示出反抗之意——哪怕只是形式上的——的人数比这要少得多。

虽然签署了联名状，但各人打算用怎样的方式来贯彻初心并不明了，人心实难把握。对此加以甄别、看清这些人各自的真实想法，便成为内藏助此时的职责。

江户激进派

此时的首要目标应是设法让已故内匠头浅野长矩的弟弟、后来成为其养子的浅野大学继承家主之位，担任第四代赤穗藩主，拯救成了浪人的全体家臣。

内藏助的这一决断使他受到四面八方的强烈指责和巨

大压力。

在江户，堀部安兵卫、奥田孙太夫和高田郡兵卫这激进三人组因愿望无法实现而怒气冲天。

如前所述，这三人曾在四月十四日闯到赤穗，气势汹汹地威逼内藏助即刻攻入吉良府，却被对方说服："此次姑且将事情交给我内藏助。"后来三人仍是难以心服，打算索性"撇开大石断然执行计划"，还试图拉拢组头①奥野将监入伙，却遭到反对，最后反被物头小山源五右卫门说服，很不情愿地于四月二十二日离开了赤穗。

五月十二日回到江户之后，三人仍是难以放弃心中想取吉良首级为亡君雪恨的夙愿，于是在常驻江户的伙伴们之间四处奔走，一一询问他们的真实想法。结果赞同者不过四五人而已。三人咬牙切齿、度日如年地等待大石内藏助前往江户。这当口发生了一件事，让三人气得发昏，几乎失去理智。那是在元禄十四年六月二十四日亡君的百日法事上，三人与原江户家老安井彦右卫门发生了正面冲突。

三人将之前已重复多次的说辞向安井又说了一遍："死去的主君为雪心中之恨，不惜抛下祖辈传下来的家业，舍弃万金不换的性命，却心愿未了就被迫切腹自

① 江户时代由大名的家臣担任的枪炮组、弓箭组等军制单位的长官。

尽。我等作为臣下实在难以忍受。在赤穗我等已反复多次表达过此意，本地（江户）的大人们也请务必知晓。”对方听了这番话，圆滑地回答说“深有同感”，表面上表示了赞同，所以三人以为对方听取了自己的意见，便回去了。

不料后来得知安井曾把矶贝十郎左卫门和松本新五左卫门（江户给人[①]、未参加复仇）二人叫去，跟他们说“堀部等三人太过鲁莽冲动，若是听之任之，说不定他们会不管三七二十一地杀进去”。安兵卫是从矶贝口中听到这些话的。

一个共同点

这样一来，三人组也总算明白了安井的真实想法。安兵卫一方面觉得幻想破灭，“没想到他是这么个懦弱的家伙”；另一方面也领悟到“江户这些人既是这样，是绝对难遂我等报仇之夙愿了”，这才终于打算与西国的同志们采取一致步调。可见，后来团结一致、结成复仇同盟的那些人，在这个时候还是互相猜疑的。

安兵卫正打算写封信坦率地报告一下江户的现状，并表示事已至此，自己将“去上方拜访，详细说明一下江

---

① 江户时代从藩主处领受知行地（封地）的武士。

户这边的情况，正在收拾行装”，不料先收到了一封信，说是即便他来也无济于事。看来上方的那些人也不像安兵卫想象的那样团结。

在赤穗城即将交接之际，家臣们签署了全权委托大石内藏助处理的联名状。据《江赤见闻记》卷一记载，联署者有六十人，但事实上仅凭联署来判断其真实想法是极不可靠的。这些人中，后来有投靠远房亲戚的，有回老家务农的，也有托关系找到新主子后却在新老两个主家之间左右为难、百般痛苦的。堀部安兵卫口中的“上方那些家伙”的动向也是各自不同。

不管怎样，虽然最后还要经历再次筛选，但那些一直到最后都没退出的人，无论是江户的还是上方的，都有一个共同点。

那便是对主家浅野家的旧式忠诚。

所以在这一时期经过强力离心机分离筛选后作为义士留下来的浅野家臣中，除堀部、大高等激进派成员外，还应设想有另外一群以这种“旧式的”封建忠诚信念为行动准则的人。让我们从各种史料所收录的相关信件中来探寻一下这类人的内心活动吧。

大石派的人

首先是曾担任京都留守居的小野寺十内秀和（一百

五十石，役料[1]七十石）。

十内以一种客观冷静的目光审视着当时赤穗藩所处的状况，认为“以蝼蚁小藩的守卫军，不可能在守城战斗中获胜”（四月七日书简2，收录于『忠臣藏』第三卷）。然而他仍然打算与同志们一起行动，这恐怕是出于他对大石内藏助的衷心敬佩吧。

“内藏助的行为让全体家臣都深受感动，把一切都托付给他决定。他虽年轻，做事情却从不半途而废，每日到城中办公，日理万机，毫不退缩，将各种事务都及时处理妥当。”（同前）

于是十内渐渐下定了决心，哪怕等待他们的是自取灭亡，他也要与大家一道为守城而战死。

“这一代内匠头大人虽然对我并无特别的恩情，但我家蒙受历代大人的恩情已近百年。小野寺一族虽无特别的作为，在日本也算人丁兴旺，若是在这样重要的时刻惊慌失措，实乃有辱门楣之举。我决不能给整个家族脸上抹黑，所以已打算时机一到便果断赴死”（四月十日书简3，来源同前书）。十内在信中坦承了自己的这样一种信念伦理（Gesinnungsethik），此时的他用越发客观的目光来审视自己，甚至从容地对自己的命运感叹道：“与旧时在人

---

① 职务津贴。

形净琉璃[①]《太平记》中所听到的一模一样的情节正发生在自己身上，（我现在的命运）正如风中之烛一般。”（同前）

其次是三村次郎左卫门包常。此义士出身卑微，俸禄仅为七石二人扶持，是个厨房小吏。因擅长会计，在城堡交接时，在为领内做账这一繁杂的工作方面发挥了很大作用。所以在交接工作顺利结束后，内藏助亲切诚挚地慰劳了这位官低人微的下属。那是五月十八日的事情，三村始终都记得听到内藏助道谢时自己那种喜悦的心情：“在客厅里，大人像对同等级别的武士一样把我叫到身边，对我说真是给你添麻烦了，你不分昼夜地辛勤工作，我非常满意。”（日期不详的书简5，来源同前书）

三村对内藏助佩服得五体投地，决心永远追随其左右。在内藏助离开赤穗移居山科之后，三村也始终记挂着他的安危，曾在一封信中写道，“内藏助大人何时能去江户，现在还不清楚。我一直在盼着这一天的到来”（八月十日书简12，来源同前书），表现出十分急切的心情。他虽仍旧住在上方，却已感到生活的窘迫，在信中抱怨道：“一天比一天抬不起头来，最近不到天黑都不

① 说唱人偶戏。操纵人偶、配以说唱的日本传统戏剧。

好意思出门。”（同前）可见低级藩士的生活已经穷困到何等地步了。

三村作为浅野家臣时俸禄很少，月钱和津贴也微不足道，成为浪人之后生活也很艰难。像他这样的低级藩士中，参加了最后袭击行动的人据说多达十七名（山本博文『「忠臣蔵」の决算書』)。这些人中恐怕有相当一部分是因为被领导者大石内藏助的为人感动而加入其中的吧。

最后是茅野三平重实和神崎与五郎则休二人，前者是浅野家一名俸禄十二两二分三人扶持的中小姓，后者是俸禄五两三人扶持的横目付。此二人与大高源五同为水间沾德门下的俳人，茅野三平还是这年三月向赤穗传送殿中伤人消息的第一批紧急信使之一。

茅野这段时间把自己的联络地点放在大坂，赤穗浪士在上方一带的势力分散在京都和大坂附近的乡村，互相之间一直保持着联络。大高源五好像也在京都借了房子住下。由此可见，堀部安兵卫等住在江户的人一心期待内藏助东下，但内藏助本人并不太积极。

事实上，内藏助这段时间完全是一筹莫展。尽管全体赤穗旧臣都满怀期盼，但浅野大学复出之事始终没有着落，将浅野家的命运全部寄托在这件事情上的内藏助是想动也动不了啊。

3　在山科放浪形骸

祇园的浪荡子

我们通过戏曲和电影而熟知的大石内藏助放浪形骸的那段日子，也是开始于这段一切都无法决断的时期。对于他这样做是否出自本心，研究者们众说纷纭，不过，大石当时的行为的确让人有所怀疑。

大石内藏助天生精力旺盛，在京都曾到处游荡，做了许多不甚妥当的行为，花钱也是大手大脚。据说进藤源四郎和小山源五右卫门等老派的家臣对此感到十分苦恼，很遗憾内藏助这样行为不端，拼命给他提意见："您拿宝贵的身体做这些事情，不知会被人怎样造谣中伤，而且今后也不知要花多少钱呢？"

坊间还传说，由于内藏助这般沉溺酒色，吉良上野介派去的密探们也觉得"照这样看来完全不可能还对我方一直怀恨在心"，于是陆续从京都撤了回去。

（『江赤見聞記』卷四）

各位读者或许知道，大学者本居宣长有本名为《赤穗义士传》的作品（『本居宣長全集』第二十卷所収）。

当然，这并非一部学术性著作，而是延享元年（1744）宣长还是个十五岁的少年时，听位于伊势松坂[①]菩提寺[②]树敬寺住持实道和尚说法时所做的记录。宣长所记录的关于赤穗事件的传说中，有许多材料后来成为忠臣藏这出戏的核心内容。笔者并不是说因为宣长书中有记载，所以这段放浪形骸的生活便是事实，只是为这个广泛流传在全国各地的传说举出一个证据而已。

《赤穗义士传》中记载，内藏助在隐居山科之后，沉溺于如下行为：

〇为让天下人嘲笑、唾骂，让上野介放松警惕，故意胡作非为，做出种种荒唐之举，还搜集了上好的木材，在西边的山村建了一所气派的宅子，购置了田地，真是极尽奢侈浪费。

〇在伏见撞木町一名叫作“浮舟”的游女身上花费了大笔金银，还给一名叫作“阿轻”的女子穿上昂贵的服饰，带着她在京都各处游逛。

---

① 本居宣长的出生地，位于现三重县中部。

② 皈依佛教的家庭举办丧葬仪式和佛事的寺院。

多年后——宽延元年（1748）——首演的《假名手本忠臣藏》第七幕中，在祇园的“一力茶屋”这个地方，“浪荡子”大星由良之助所表演的种种醉后情景，在《赤穗义士传》中几乎都有记载。对歌舞伎多少有些了解的读者定会对此感到惊讶吧。也就是说，大石放浪形骸的故事在成为人形净琉璃和歌舞伎的题材之前，便已作为民间故事广泛流传了。

自己恐怕也不清楚

内藏助的放浪形骸是出自本心吗？是为了满足自己沉溺酒色的本能，还是像世人所说的，是用来迷惑敌人的苦肉计呢？这一点实在难下定论，恐怕他自己也搞不清楚吧。

进藤源四郎和小山源五右卫门这些老派武士之所以会拼命地、认真地给内藏助提意见，也正是因为他们觉得内藏助是真正沉溺于这些荒唐行为的吧。进藤源四郎俊式是赤穗藩的足轻首领，年俸四百石，既是内藏助叔祖母的儿子，又相当于其姑丈。小山源五右卫门良师也是足轻首领，年俸三百石，相当于内藏助的叔父。二人都出身于浅野家的核心家族，而且是内藏助的亲戚，所以在藩里自然是大石一派的成员，联署守城不交的誓约书时也站在大石这边，并且还是大石隐居山科期间的支柱力量。特别是近卫家[①]的领地在山科，而源四郎的本家进藤长之是近卫家的家司[②]，所以据说内藏助移居山科时得到了其很大帮助。

连这二人都发自内心地为他担心，或许他们是真的这么认为，又或许内藏助的放浪形骸给人以相当真实的感觉。事实上，因此二人与内藏助的关系也变得疏远了，这甚至导致内藏助推迟了东下江户的时间。这段时期对内藏助的“厌弃”甚至成了二人不久之后退盟的重要原因，或至少是借口。所以很难认为大石的放浪形骸只是一种“要骗过敌人须先骗过自己人”的权宜之计。

总之，大石内藏助于六月二十八日移居京都郊外的山科，在那里开始了一段被称作“山科隐居”的生活，直至十一月三日前往江户。在其间的四个月，大石内藏助就像扎了根一样在那里定居下来，过着为人诟病的沉湎酒色的生活。

四个月的时间着实很长。对于内藏助来说，放浪形骸确乎为他争取了一定的时间，但上方那些并不具有同样大局观的同志如果因此萌生出怀疑和不信任的想法，也并非难以理解。更何况那些住在遥远江户的激进派成员，与大石之间产生巨大的“温差”也是自然而然的了。

---

① 日本藤原氏一旁支，直至明治维新前代代担任摄政、关白或太政大臣。

② 官阶在三位以上的官员家中的执事。

大石派与激进派之间的攻防战

堀部安兵卫等三人仍是不断催促内藏助。

三人觉得通信迟迟解决不了问题，心中焦急，终于在七月八日联名要求与内藏助直接面谈。

> 因为事情重要，所以打算进京与您当面商谈，能否请您前往伏见一带？望您应允。
>
> （七月八日致大石内藏助书信，收录于『堀部武庸筆記』上）

内藏助对此信的回复仍不温不火。他惊讶于安兵卫等人紧迫的语气，责怪他们“想法有些问题”，苦口婆心地向他们说明目前形势下自己的立场是“下定决心一切为大学大人考虑，努力保护大学大人平安”，一再叮嘱住在江户的成员不要冲动冒进。

> 从您前些日子的信中，我察觉到自己及赤穗的同志们一直以来所说的想法与您几位的想法之间有相当大的差距。包括我在内，大家都认为现在并非一意孤行的时候，因此一直在静候合适的时机出现。总之一切都要等到大学大人的情况确定之后再做打算。也请

各位心中有数。近日会派原惣右卫门东下，届时再做进一步的商量。

（七月二十二日大石内藏助书信，来源同前书）

这下堀部安兵卫可火大了，他立刻写了一封火药味十足的回信，信中措辞十分激烈，以至于后来常被当作表现江户激进派核心主张的文字而引用。

您说您在赤穗对我等所说的话与我等的想法之间可能有差距，我现在终于明白了：在这一点上，我们之间从一开始就存在想法上的差异，并非我等的态度后来发生了改变。我等从一开始就从未考虑过向上野介报仇雪恨以外的事情。

（八月八日堀部安兵卫书信，来源同前书）

安兵卫的主张不单单显示出一名普通青年武士（享年三十四岁）与身为家老、必须对全体赤穗浪士的命运负责的内藏助之间立场的差异，而且展现出一种决绝的心情——若不能向吉良上野介报仇雪恨，便无法做回一个普通人。

这种心情已超出了把为主君报仇当作武士本分这样一种普通的义务感，而是认为如果不能为主君报仇而苟活于世便不配为人，是一种自觉失去做人资格的意识。

所以，他接下来又写道："可以说主君之仇更重于父母之仇。在我心中始终是主君之命最重。若是主君有命，哪怕是父母的项上人头，我也定会取来。"（同前）这些话也不应理解为他把对主君的忠诚看得比孝顺父母还重，而是应该理解为一种对主仆一体感的强调，这种一体感强烈到连孝顺父母亦可放在其次了。

其中辛苦可想而知

这种复仇心理与个人内心深处的情欲过盛（eroticism）有某种相同之处。

二者都属于不容他人置喙的敏感的隐私领域。命中注定具有这种特质的人，便具有了某种类似不可接触性（untouchable）的、令人避而远之的氛围。周围的人也深知这种人难以应付，但关键时候真正发挥作用的也是这种人。

大石内藏助无法舍弃江户激进派。堀部安兵卫也无法无视内藏助的主导权（initiative），所以只得在长信的最后这样妥协道：

> 请放心，今后在下一切听您指挥，遵照您的想法行事，高田郡兵卫和奥田孙太夫也是同样的想法。
>
> （同前）

饶是大石内藏助这般宽厚又能干，对堀部安兵卫这些激进派的行为也伤透了脑筋。虽然暂时说服了他们，但说不准他们何时又会乱来一通。在之前七月二十二日的信中告知对方自己会派原惣右卫门前往江户，也是内藏助煞费苦心的安排。

如前所述，原惣右卫门是一名俸禄三百石的足轻首领，是京都派的重要人物。他在内藏助生疔疮之后，代理内藏助打理着一切事务。九月下旬，原惣右卫门与潮田又之丞（马回[①]，二百石）、中村勘助（马回兼书物役[②]，一百石）为了安抚激进派，一道前往江户。接着进藤源四郎和大高源五也被派去江户了。大石便是这般小心周到。

激进派并不只是住在江户的那些人，上方还有武林唯七、不破数右卫门等更加血气方刚、鲁莽冲动的人物。组织里有这样一些像炸药一样的家伙，为防止他们随时爆炸，内藏助必须不断苦口婆心地劝说他们耐心等待浅野大学重振家业，其中辛苦可想而知。

---

① 骑马的护卫。

② 即图书管理员。

第五章　主家灭亡

1　上野介隐退

从吴服桥门内迁居至本所

就在赤穗浅野家遗臣们拼命进行内部调整时，外部形势也在一点一点地发生着变化。一个转机出现了。元禄十四年八月十九日，吉良上野介变更居所，从吴服桥门内迁至位于本所的新居。堀部安兵卫等人断定这是绝好的机会，立即向身在山科的内藏助进行了汇报：

> 听说上野介被命变更居所，新居在本所一带。大家都认为这对内匠头大人的遗臣们来说是意外之幸，报仇大愿得偿的时机已经到来。

（八月十九日堀部、奥田、高田联名信，收录于『堀部武庸筆記』上）

我们不清楚变更居所的背后发生了什么，但吉良上野介已经被弃置不顾这一点是确定无疑的。上野介已于此前的三月二十六日辞去高家肝煎之职，此时又被命令搬出紧邻江户城的大名小路[①]吴服桥这个上等地段，迁到新开发的位于本所的武家住宅区去。

本所地区位于隅田川沿岸，与江户北部的向岛农村地区毗邻，原本不过是几个集镇而已。在明历大火（1657）之后，幕府进行了大规模的区域规划，将本所建成了武家居住区，将火灾之前散布在江户中心地区的旗本宅邸集中迁移到此处。朝着本所方向走过两国桥，有一条东西走向的运河，名为竖川，在竖川北面的相生町二丁目御竹仓的旧址上，有五千石旗本松平登之助信望的一处空宅，上野介便是搬入了这里。

一则传闻

为何吉良上野介会在这个时候被命迁居？《江赤见闻记》第四卷中记载了这样一则传闻：

---

① 从现在的东京站直至皇宫护城河一带，为谱代大名集中居住的区域。

阿波富田藩主蜂须贺飞驒守隆重的上官邸在锻冶桥门内，与吉良上野介的宅邸邻近，他曾私下询问一位平素关系亲近的老中（姓名不详）：

"如果吉良府发生骚乱，该如何是好？"

老中答道：

"无论上野那边如何骚乱，您都一律不要管，只要保护好自家宅院就好。"

也就是说，老中让他发生任何事情都要装作不知道。这个传闻是真是假难以断言，但既然连事不关已的外人之间私下里都有这样的对话，那么身为当事人的堀部安兵卫在听到上野介迁居的消息后，欣喜若狂地认为时机终于来到，也是理所当然的了。安兵卫的雷达敏锐地捕捉到幕府对吉良上野介的态度出现了微妙的变化。他告诉大石内藏助自己打听到了这样的内部消息：

吉良上野介夫人的远房叔叔水野隼人正大人，最近跟几位特别亲近的友人闲谈时说到"上野被命搬迁"，于是在座的首席御伽众①洋洋自得地附和道："幕府不可能公然对内匠头的家臣说你们去报仇，所

① 贴身陪聊侍从。

以只好这么说吧。”隼人正大人也点头道：“原来如此。”我是从可靠渠道获得这个消息的。

（八月十九日堀部、奥田、高田联名书信，收录于『堀部武庸筆記』上）

安兵卫做出的形势判断总是带有激进派特有的主观主义倾向和理想主义色彩，但这次应该说他十分敏锐地捕捉到了风向的变化。这种抓住时机迅速反攻的能力不愧是剑客特有的本领。

激进派登台、左兵卫继任家督之位

堀部、奥田、高田三人苦思冥想了多种方案，但仅凭江户这些人的力量什么也干不了。正在焦急懊恼之际，九月的一天，正如大石在之前的信中通知过他们的，原惣右卫门、潮田又之丞和中村勘助三人从上方赶来了。

这三人原本是来传达大石的慎重主张的，却反被三人气势所慑，转而支持激进论调了。十月八日，进藤源四郎与大高源五一道也来到江户，二人听安兵卫等人细说其中原委之后，表示“三位的想法很有道理，与我们在上方所想的不同”（同前书），也与前面三人一样，推销的反被推销，劝降的倒被策反了。

这下安兵卫底气十足，再也不理会大石的慎重方针，于十月二十九日给他寄去一封态度强硬的书信：

> 我等心意已决，即使会因同志诸君及相关人员有各种想法而延迟，也要在来年三月主君一周年忌前后，全体杀入吉良府，战死尽忠。定要在此日期之前竭尽心力谋划，为主君雪恨。主君在天有灵，我等既发此誓，今后绝无任何违背。
>
> （堀部、奥田、高田联名信，收录于『堀部武庸筆記』上）

这几乎可以说是最后通牒的口吻了。堀部等激进派将上方的同志们也拉进了队伍，开始掌握行动的主导权，连行动的最后期限都堂堂正正地亮出来了。

大石不知该如何是好，大概是觉得只能自己出马吧，于是紧急收拾行装，于十一月三日到了江户。同行的有奥野将监、河村传兵卫、冈本次郎左卫门、中村清右卫门等人。这些名字一个也未出现在后来参与袭击的名单中，从这点来看，不得不说大石带去的全是些慎重派、稳健派人士。

十一月四日和十日，在大石所住的位于江户某处的一家旅店里举行了秘密会谈，安兵卫等三人态度极其强硬地前来赴会。

内藏助的态度相当暧昧，他提出“不必将期限定死，或许三月之前时机便会到来也未可知”。

安兵卫则坚持“这种事情不明确定下期限，大家恐怕很难下定决心。总之定下期限很重要”。

内藏助在对方的持续强攻下，最终主动做出让步：

“好吧，那就说定三月里执行计划，这就开始准备起来吧。”（同前书，着重号为引用者所加）

这里的“准备”恐怕是指在各方面打通政治上的一些关节。内藏助一方面向激进派做出妥协，另一方面也并未忘记努力抓紧重振家业。可能是认识到单单祭出毫无眉目的“大学大人的安危”这面旗帜，已经无法一直拖延下去了吧。

此次密谈未得出结论，只约定“近日在京都附近再次举行会议”，即后世所说的“山科会议”。

可是这次会议尚未召开，上野介义央便于元禄十四年十二月十一日宣布隐退，将吉良家家督之位让给养子吉良左兵卫义周继承。

这位左兵卫其实是出羽米泽藩藩主上杉纲宪的次子，于元禄二年过继到吉良家做养子。其中又有一番原委：上杉纲宪原是上野介的嫡子，在宽文四年（1664）作为末期养子[①]过继到面临绝嗣危机的上杉家，从而化解了上杉家的危机。之后吉良家的次子与三子相继夭折，没了后

① 没有嗣子的武士在危笃状态紧急收养的养子。

嗣，于是又反过来从上杉家过继了一名养子。这名养子就在元禄十四年的年末，作为吉良家现任家督，年仅十八岁便跻身表高家[1]之列了。

吉良家此番变更家督的决定自然在赤穗浪士们中间掀起了波澜。迅即做出激烈反应的，当然是江户激进派的成员们。

堀部安兵卫与其说是怒火冲天，不如说是深感焦虑，他认定实施计划的时机已迫在眉睫，在发往各处的信中急切地主张要趁上野介还住在本所的宅邸期间发动袭击。

> 上野介现在毫无疑问是在本所，我通过两三种途径进行了调查，所有人都这样说。世人的想法也是一样，一旦上杉纲宪大人前去江户参勤交代，之后就无法摸清上野介的居住地点了吧。
>
> （十二月二十七日堀部安兵卫、奥田兵左卫门致潮田又之丞、中村勘助、大高源五的联名信，高田郡兵卫“因病未联署”，来源同前书）

安兵卫认为袭击必须在来年（元禄十五年）三月发动，错过这个时机就太晚了。

---

① 无官位的高家，新人或尚不熟悉相关事务者。

高田郡兵卫退盟

正在安兵卫认为时机即将成熟而铆足干劲的时候，却发生了一桩意料之外的事情。前面引用的两封信上都没有高田郡兵卫的联署，只写了“因病未联署”，但真实原因是他陷入了一种意外的进退两难的境地。

高田郡兵卫之前就已经接到其远房伯父旗本内田三郎右卫门的请求，想要收他做养子，但他总是以自己要做一番大事业为由加以拒绝。然而三郎右卫门是个古怪脾气，从来“只讲自己的歪理，不听别人的道理”，被郡兵卫拒绝后，就跑到郡兵卫的哥哥高田弥五兵卫家中说：“他莫非是在想着报仇的事情不成？若是来做我的养子，此事便不再提，若是不来，我就向幕府告发他。”进退两难的郡兵卫无奈之下只得答应去做养子。

江户三人组经过一番深思熟虑，决定这种情况下只能让高田郡兵卫退出同盟，但对外暂时保密，特别是不能让上方的人知道。于是三人商量好尽可能隐瞒实情，只说“因病未联署”。在这样一种情况下还敢向大石内藏助施加压力，堀部安兵卫实在是太强悍了。

蹩脚木匠

另一方面，内藏助这边也到了紧要关头。对于如何渡过眼前的危机，所有人的意见无一例外，都仍旧主张慎重再慎重，哪怕是摸着石头也不能过河。即便是内藏助也十分清楚，吉良隐居并让出家督之位的行为宣告着执行计划的时机已经到来，但正因如此，才要更加慎重，这是内藏助的行事原则。他在元禄十四年十二月二十五日写给江户三人组——内藏助尚不知郡兵卫已退盟——的一封信，便是为了让对方被热血冲昏的大脑冷静下来而专门泼的冷水：

> 各位蹩脚的木匠，你们的活计似乎赶得有些操之过急，让我很是担心。我想现在最好是先踏踏实实地夯实地基、架好基础梁，经过反复磋商，把做柱子用的木材也都准备好之后再开始工程吧。目前在这些准备工作尚未做好的情况下，就仓促着手大规模的建筑工程，可能会引起不好的社会舆论，也会给幕府留下恶劣的印象。所以希望各位施工时务必稳妥谨慎，以免招致物议。
>
> （十二月二十五日大石致堀部、奥田、高田书信，同前书）

自己费尽心血筹划的复仇计划竟被比作“蹩脚的木匠”的活计，安兵卫一定火冒三丈。由此也可看出内藏助是多么冷静而老谋深算。

堀部弥兵卫的态度

大石在同一天给安兵卫的养父[①]堀部弥兵卫也写了一封信，信中希望对方能劝诫安兵卫不要轻举妄动。但这个攻其不备的策略未能发挥预期的效果。时年七十六岁的弥兵卫自从将家主之位让于安兵卫而隐居之后，始终秉持着“老年人不多嘴多舌”的态度，这次却明确陈述了自己的意见。他在回信中这样写道：

> 不管有多少人反对，都请您不要改变心意，只需按照您心中所想坚定地指挥就好。对您的想法我决无异议，犬子安兵卫也丝毫没有反对您的意思。若是报仇的期限再拖延下去，生计难以维持，很难说今后是否能继续像现在这样生活下去。但我绝不会像高田郡兵卫那样在关键时刻出尔反尔。
>
> （元禄十五年一月二十六日堀部弥兵卫书信，来源同前书）

① 原文如此，因为安兵卫入赘堀部家并继承弥兵卫家主之位，相当于成为后者的养子，入赘只是他成为养子的一种途径。比起女婿与岳父的关系，他们两人之间更像父子。后文弥兵卫称安兵卫为“犬子”也出于同样理由。

弥兵卫完全是一副老派武士的做派，很干脆地表示“我是我，犬子是犬子”。他明确表示无论发生任何情况都会追随大石左右，这与安兵卫的路线的确不同。但弥兵卫此人心中坚定地认为“吉良上野介在众目睽睽之下辱骂嘲讽浅野内匠头，单凭这一点就完全该杀”。安兵卫则坚信死去的主君只有见到上野介的首级才能雪恨，所以坚持要用武力来解决问题。显然这对父子的想法是相近的。

就这样，在赤穗藩遗臣们围绕复仇计划所产生的内部对立即将达到顶点的状态下，元禄十四年结束了。堀部安兵卫“唯一的念头便是要发泄出心中对上野介的仇恨”，大石内藏助则认为“不经过身在木挽町的大学大人同意就执行复仇计划有违初衷”，所以这二人之间原本就不可能圆满地达成一致。

2　脆弱的平衡

新春的回信

元禄十五年的春天来了，此时是公历 1702 年 1 月 28 日，也恰值一年之初。

一月二十六日，针对上一年年末大石内藏助的来信，江户的堀部安兵卫和奥田孙太夫联名给住在山科的他写了一封措辞激烈的回信。高田郡兵卫的名字因之前所述的原因未出现在其中。信很长，要点大致可归纳如下：

①复仇行动拖到现在迟迟未付诸行动，完全是出于对“大学大人安危”的考虑。但这件事情始终也没有一点眉目，继续观望也没有意义了。关于这点明明之前已经说定，现在却又把木挽町（大学的住所）的事情拿出来说事，实在令人奇怪，也让人难以接受。

②所有同志感到焦躁的原因是，内藏助把为亡君雪恨的对象定为“家督”（吉良左兵卫）而非“老太爷”（上野介本人）。

③在下深知，只要阁下（内藏助）一人做出决定，家中半数以上的人都会遵循您的指示。若是因为您一个人的犹豫不决而使这么多人的心愿化为泡影，那就太遗憾了。就在您犹豫不决之间，半年就过去了，一年就过去了，决不能让这种事情发生。

④亡君因为做了失策失仪的行为而被依法处置，在下作为一名家臣也无可奈何。事到如今，我对功名

利禄已毫无兴趣，只有一个念头刻骨铭心，那便是要向吉良父子报仇雪恨。

之后在同一天，安兵卫给原惣右卫门、潮田又之丞、中村勘助和大高源五这四人也分别写了一封信，并把写给大石的回信分别抄了一遍附在信中，抄写时仔细到了“一字一句都毫厘不差”的程度，可见他有多么用心。

安兵卫尽管嘴上说得强硬，心里却也知道如果没有内藏助的命令，就无法保证足够多的人参与复仇。内藏助自然也很清楚，若是现在抱着侥幸心理任由安兵卫等鲁莽行事的话，浅野家复兴之事便会化为泡影。所以，这是一场双方都完全知己知彼的攻防战。

反响不如人意

原惣右卫门与大高源五体察到安兵卫的意思，便动身前往上方。

二人在元禄十五年一月九日抵达京都，本打算向上方的同志们传达江户的情况后便动员大家果断开始“最后一幕”（最后的袭击）的行动，但反响并不如人意。

从两人分别寄给安兵卫的信中也能体会到其失望的心情。

首先是原惣右卫门，他在信中沮丧地写道：

跟上方的同志们进行了磋商，但大家各执己见，让人无计可施。

（一月十五日书信，收录于『堀部武庸筆記』上）

大高源五也表现得十分悲观：

（上方的同志们）虽然也认为必须尽快发动袭击，但遗憾的是总不坚决。

小山（源五右卫门）是个彻头彻尾不明事理的家伙，惣右卫门和我都被他搞得目瞪口呆、无话可说。

小山这个家伙怕不是脚踏两只船吧！

（均为一月十七日书信，收录于『堀部武庸筆記』下）

可见，虽然江户和上方两处的激进派看似已经联合起来，但那些拥护大石内藏助的同志还在犹豫不决，目前尚未达到理想中团结一致的局面。堀部和奥田二人所面临的便是这样一种状况。

时间的齿轮无情地转个不停，对两派同样产生着影响。

报仇是在与时间赛跑，自然必须考虑仇人寿命的长短，但即使不考虑这一因素，也不能无限期地一直拖延下去。两派之中都不断有人退盟，尽管原因各不相同，但已经开始对同志们齐心协力讨伐敌人的复仇阵线造成巨大的损失。

以茅野三平为首

虽说也是退盟，但有些人与大野九郎兵卫的情况不同，他们是真心加入的，后来退盟既不是因为觉得报仇没意义，也不是因为变节，而是因为万不得已的情况被迫挥泪退出的。

其中第一位便是茅野三平重实。《假名手本忠臣藏》第六幕中切腹自尽、引无数观众洒下同情泪的早野勘平，其原型便是茅野三平。

三平原是内匠头的小姓，在主君切腹后成了浪人，回到位于摄津国的幕府旗本大岛伊势守领地内的萱野老家生活。伊势守听说三平成了浪人，便通过三平的父亲七郎左卫门劝他来自己手下供职，但三平以各种理由推托，始终没有答应。

不料七郎左卫门自觉是为三平好，再加上多少有些年老糊涂，结果大致应承下了让他去为伊势守工作的事。可怜三平夹在忠与孝之间进退两难，终于在元禄十五年一月十四日被迫切腹自尽了。

他在自杀前一天的一月十三日给内藏助写了一封信，其中诉说了自己在百般苦恼之后不得不选择死亡这条路的缘由：

> 父亲七郎左卫门不知我要去江户的真意是复仇，所以坚决不让我走。我也曾想过索性向他道明实情，也许他反会高兴。但正如在交给您的誓约书中所写的那样，报仇的事情即便是父子之间也不能泄露半句，所以在选择主君还是父亲、忠还是孝之间苦恼良久之后，我决定自杀。
>
> （「24　茅野三平書状」
> 『忠臣蔵』第三卷所収）

第二位便是四十七士之一的矢头右卫门七教兼的父亲长助教照，他是一名俸禄二十石的勘定方。

此人与儿子一道加入了大坂的义士同盟，但壮志未遂便因病去世了。有研究认为其去世时间为元禄十五年八月十五日。这对父子当时生活极度贫困，这点从《账房金银收支账》（『預置候金銀請払帳』）中的记录便可看出："其一，金三两，进藤源四郎和冈本次郎左卫门说矢头右卫门七已无米下锅，故支出此额。"

第三位是桥本平左卫门。

据《江赤见闻记》第四卷记载，平左卫门为桥本茂左卫门（马回，二百五十石）之子，时年十八岁，“因年少冲动，在大坂一家名为‘白蜜’的妓馆与一名游女殉情自杀了”，时间据说是七月十五日的凌晨四点左右，另一种说法是十一月六日。

平左卫门的死与前面二人的死性质不同。可以想象在年轻武士与游女殉情的背后，有义理、人情、金钱等许多复杂的因素牵扯其中。这件事也如实反映出，在以大石内藏助为中心建立起来的封建伦理道德世界与井原西鹤的浮世草子[①]和近松门左卫门的净琉璃剧本中所描绘的那种世俗日常联系得何等紧密。

与时间赛跑

大石内藏助自己十分清楚，与时间的赛跑已经开始。他把希望寄托在浅野大学重振家业上，这一选择并未动摇，但现在必须尽快促使全体同志都下定决心按照这一方针前进。不光因为江户激进派的势力日益壮大，也因为疾病和贫困的压力使得同志们的人数一天天减少。这样一种形势催促着内藏助再次将全体同志紧紧团结在一起。

---

① 风俗小说。

另一方面，堀部安兵卫等江户的同志也不可能毫发无伤。高田郡兵卫退盟之事已无法再隐瞒下去，安兵卫终于在一月三十一日写给大高源五的信中坦承了此事。这无疑是个重大减分项。不管愿不愿意，这一事实定会传到上方同志的耳中，对斗志昂扬地正打算出席在上方召开的同志集会的安兵卫的心情也不会没有影响。

原惣右卫门一月二十四日从大坂、大高源五二月三日从京都寄出的信先后抵达安兵卫手中，两人都还不知道高田郡兵卫退盟的消息，却异口同声地力劝安兵卫“现在去上方也没用”。二人事先并未商量过，却感觉到了上方的气氛。也就是说在上方，持拖延论的同志占了大多数，连最底层的成员也被内藏助彻底洗脑了。

惣右卫门写道：

基本上在上方，就连以前相当激进坚决的家伙，好像也不赞成我们的想法了。

（二月二十一日书信）

源五写道：

诸位西上之事暂且搁置为好。此地连报仇的时间都还未达成一致。

（二月三日书信，均收录于

『堀部武庸筆記』下）

不仅如此，在这样一种氛围下，安兵卫若是贸然前往，与之展开激烈的争论，必然是空耗时日而毫无结果，而且很可能造成“内部分裂”。惣右卫门和源五为了不使这种情况发生，当然也在拼命劝说内藏助。

放手一搏

惣右卫门拟了一份通告，写明他们接下来将要采取何种手段，由源五带着这份书面文件与内藏助进行了直接谈判。

①不再视木挽町的情况而行动（不再等待浅野大学恢复权力后再发动袭击）。如果三月未能发动袭击，而四月上野介被米泽接走的话，便在途中发动袭击。如果米泽不接上野介走，则要采取其他方式，务必将问题解决。

②如果全体一致决定无论如何也要视木挽町的情况行动的话，之后便无法对吉良府发动袭击了吧。所以那时就要以书面形式将我们的大义公诸天下，然后主要人员切腹以示诚意。

“请您从这两项中选定一个。”

从内藏助对此做出的回答中，可以感受到他被惣右卫门相当决绝的通告和面前大高源五的气势所震慑，不经意间表露出了真实想法：

> ①对木挽町那边的情况，我完全没有打算一直放任不理下去。通常闭门思过这种处分三年（首尾跨度在三个年头内）即可解除。所以我们再耐心等待一段时日，静候事态发展，以免留下遗憾，这样岂非上策？明年主君三周年忌日过后，广岛浅野家的人便会放心离开，到那时便无须再观望。总之先等到三周年忌结束，之后再做决断岂不更好？
>
> ②如果幕府所做的处分不能让大学大人保住体面、在人前堂堂正正地挺起胸膛，那么无论给大学大人怎样的高官厚禄都没有意义。染上污点的家名，与其努力维持下去，不如索性将它毁掉。所以我认为先等大学大人的安危确定下来，这一点丝毫也不会影响我们实现夙愿。

内藏助的这番言辞相当激烈，尤其是②中加了着重号的地方。笔者（野口）起初甚至以为这是大高源五加入了主观情绪而改写的。因为内藏助竟然说“与其满足于维持晦气的浅野家名号，不如索性取了吉良的首级，哪怕毁掉这个名号也在所不惜”，这太像安兵卫和源五等激进派成员的口吻了。

应是真心话

我想这也许是辗转传抄的过程中出现了问题，于是找来《赤穗义人纂书》抄本、岩波日本思想大系《近世武家思想》所收版本、赤穗市总务部市史编纂室编《忠臣藏》第三卷这三个不同体系的抄本对照查看，结果发现三个抄本除个别用词有差异外，几乎完全一样。看来只能认为这是内藏助无意中吐露的真心话。

为慎重起见，特将各抄本中相关部分摘录如下。大高源五是这样写的：

> 无论赐予何等高官厚禄，若不能保证木挽町的体面，不能堂堂正正地面对世人，则与其维持这一被玷污的名号，不若将之毁弃。故以为欲遂夙愿，待大人情况确定之后再行动并无丝毫阻碍。以上为山科（大石）之高见。
>
> （大高源五二月三日书信）

接下来，内藏助斩钉截铁地“对神发誓”道：“如果亡君三周年忌过后仍无任何动静，无论别人说什么，也不会再多等一天。”

内藏助的这一态度，连安兵卫也被镇住了。也许是从中隐约看到了内藏助的真实想法，安兵卫多少冷静了一些。《堀部武庸笔记》下卷中二月前后的记录中写着这样一段文字：

> 就算勉强凑个六七人，一意孤行杀入吉良府，能否达成夙愿也还未可知。若是再被说成只为谋求个人名声就更非我等所愿。即便等上一段时日也并非抛弃志向，能够经受艰难的等待，忍受耻辱等待时机到来，也是一种勇气。

就这样，激进派和慎重派都做出了最大限度的妥协，彼此之间保持着一种脆弱的平衡。维系着这一平衡的只有一点，那便是寄托在浅野大学重振家业上的一缕希望。

3　局势突变

山科会议

在家喻户晓的忠臣藏传说中，从二月十五日这天起应该是召开了一场为期数日的山科会议。然而奇怪的是，能够证明确实有过这场会议的史料却出乎意料地少。

《堀部武庸笔记》中没有任何记载，这可能是因为安兵卫并未出席这次会议。《江赤见闻记》中只说在山科附近的人聚集起来进行了商讨，但并无“山科会议”这一说法。当然，山科会议是秘密会议，不可能留下会议记录，只留下一段传说，讲述大石在这次聚会中如何千方百计劝阻了江户激进派三月发难的主张。

但在片岛深渊的《赤城义士传》［『赤城義臣伝』，享保四年（1719）］第六卷中有“义士于山科举行会议”这样一个标题；另外《寺坂信行自记》中也记载，“通过书信召集住在各地的同志们进京，并于二月十五日举行了集会”。这里明确记载着日期，也就是说，在二月十五日这一天，在山科这个地方，确确实实召开了一次会议，这点是确切无疑的。

不确定因素太多

大石虽然在这次山科会议上控制住了大局，但他的领导地位并非稳如泰山，不确定因素太多了。

首先，谁也不能确切地保证“大学大人的安危”。

其次，这次虽然是勉强压下去了，但江户激进派不定什么时候又会闹出事儿来。

再次，米泽上杉家现任家主纲宪去江户参勤交代时，很有可能会将吉良上野介转移到米泽去。

最后，采取推迟到来年三月（浅野大学闭门思过处分结束）这一方针后，加入联盟的人数虽然增加了，但半数都是水分，也就是说其中有许多人到了关键时刻是无法完全信任的。

据《江赤见闻记》第四卷记载，到元禄十五年八月中旬，“同党者共计达一百二十余人”，其中一部分是内藏助所主张的浅野家复兴至上这一方针催生出的冗余人员。这一点随着日后事态的发展会逐渐明朗，而且内藏助本人也应当是心中有数的。

所以在二月十六日，大石内藏助以池田久右卫门的化名给堀部安兵卫写了一封信，在同意安兵卫等延期西上的同时，为防止他们鲁莽行事又再三叮嘱道：

> 若是在浅野大学大人尚不了解形势的情况下，现在就攻打吉良府、取了上野介的首级，即使侥幸得到幕府的默许，上杉家和吉良兄弟——指上杉纲宪和吉良左兵卫——也不可能坐视不理，这点您怎么想呢？他们若采取了行动，木挽町便会化作一片瓦砾，这是明摆着的事实。您说要为亡君尽忠，结果却使浅野家连根断绝，这样也不能完全说是忠义吧。
>
> （收录于『堀部武庸筆記』下，着重号为引用者所加）

请注意这段引文中着重号强调表示的部分。大石隐约暗示了幕府有可能会默许赤穗浪士袭击吉良府的行为。但大石也预想到，即使幕府默许，上杉也不会袖手旁观。他已预见到这将是一场复仇与再复仇永无止境的循环。

不可贸然行事！

激进派这边，堀部安兵卫是被说服了，但武林唯七和不破数右卫门之类好勇斗狠的家伙一点也不老实。他们独自西上，于三月一日闯到大坂的原惣右卫门处，催他立即发动袭击。或许是因为激进派西上了，三月十四日在江户泉岳寺举行的亡君一周年法事上，一切都风平浪静。

原惣右卫门这年已五十五岁，却比年轻的堀部安兵卫还要激进许多，甚至提出由江户的同志们单独采取行动。他一厢情愿的理由是，“如果把大石大人等上方的同志们完全排除在外来执行袭击吉良府这一计划的话，就不用担心连累到大学大人，也不会造成任何问题了”（四月二日致堀部安兵卫的书信，来源同前书）。

内藏助对这些危险的举动无比担忧，在五月二十一日写给堀部父子等人的信中，再次叮嘱他们要谨言慎行，把至今已重复了无数遍、嘴巴都磨出茧子的话又重复了一遍，耐心得连旁人都看得有些不耐烦了。

今年之内若无书信通知，我等便于来年三月前往江户拜访阁下。事情迟迟难以决定，诸位心中定是郁闷，但仍希望诸位能够在我前去江户拜访之前稳健行事。数月之内便可得知结果，在此期间诸位如若贸然行事，我们长期以来筹划之事便会毫无意义，保护大学大人的战术便全盘失败了。

（来源同前书）

然而这封信似乎对江户的安兵卫起到了反作用。

完全出乎意料的事情发生了

之所以说是反作用，是因为在六月十二日安兵卫向原惣右卫门、潮田又之丞、中村勘助、大高源五、武林唯七这五名核心成员分别寄出了内容相同且写上所有收件人姓名的信件，正是要号召他们进行内藏助千叮咛万嘱咐切切不可进行的“贸然行事”，其大意如下：

①已不能期待幕府对吉良上野介做出更进一步的处分。另一方面，广岛本家等所做的努力似乎也已上达老中，所以浅野大学复权一事也许会进展得分外顺利，能重获三万石左右的俸禄，并得到苅屋（赤穗藩中心地带）作为知行地吧。也就是说，与之前赤

穗藩分崩离析时，那些旧臣眼巴巴地盼望得到的待遇大体相同。

②也许有人这样就心满意足了，但我等并非如此。大石大人说他真正的想法是先保住浅野家名号，然后无论如何也要为死去的主君报仇，正是因为这样我们才会同意等待的。而且我们无意为复兴后的浅野大学家效命，所以打算在复兴之后全体殉主，以死明志。

③如果到了七月还没有动静，我们江户的同志就单独行动吧。我之前一直认为参加袭击的同志若少于二十人就无法实现心愿，但后来重新考虑了一下，觉得只要是抱着必死的决心，有十个人就足够了。

④山科（大石）那边我也想过去跟他好好谈谈，但估计再怎么晓之以理他也不会为之所动。用不着跟他商量了，还是单独行动比较好。

安兵卫开始擅自行动。在此之前，他还规规矩矩地给内藏助回了一封信，信中写了许多“决不鲁莽行事”之类的顺从的话，但事实上将核心成员都叫到江户，他本人则于六月十八日从江户出发，二十九日抵达京都，与原惣右卫门会合。

事态照这样发展下去，毫无疑问激进派就会独断专行，发动攻打吉良府的行动了吧。那样一来大石内藏助慎重的计划定然会立刻土崩瓦解。

然而就在安兵卫视作最后期限的那个七月，发生了一件任何人都没有预料到的、令人震惊的事。

元禄十五年七月十八日，首席老中阿部丰后守正武（武藏忍，十万石）传唤了浅野大学，宣布赦免其闭门思过处分。但这个赦免远非大石内藏助所梦想的那样诸如播州赤穗藩复兴之类的美好结果，浅野大学连同妻子儿女以及家臣们一道，被广岛浅野家接管了。

这样一来，赤穗藩浅野家的复兴便完全无望了，主君家灭亡了。

安兵卫在暗中进行的策划自此之后便罩上了一团迷雾，他给内藏助回信的六月十五日是《堀部武庸笔记》的最终日期，这部史料在这一天终止，再无此后的记录了。此后形势剧变。

桂昌院荣升从一位

在万象更新的一年之始，整个国家上层的形势也在发生微妙的变化。

纲吉将军的生母桂昌院终于如纲吉所愿，作为将军的侧室史无前例地被册封为从一位。时值元禄十五年三月九日。正如《德川实纪》中记载的那样："九日。今日桂昌院夫人荣升从一位”；“十日。（将军）下令今后三丸夫人（桂昌院）改称一位夫人”（『常憲院殿御実紀』卷四十五）。此次册封应是幕府计划之中的事情。

同样是在三月九日，举行了例行的敕使参向，除当年的新敕使和院使之外，前一年的两位公卿柳原、高野也出席了。

吉良上野介作为幕府与京都朝廷之间桥梁的作用已发挥完毕，因而不再具有利用价值。纲吉定是觉得桂昌院册封的事情已经十拿九稳，大可放心了吧。他在上一年的八月二十一日革除了上野介的高家同僚大友近江守义孝和大目付庄田下总守安利的职务，以淡化他偏袒吉良的印象。纲吉这样做的前提恐怕也是这种安心感。从这时起直至桂昌院荣升，纲吉政权逐渐迎来其鼎盛时期。柳泽吉保明里暗里的帮助和保护对此起到了巨大的作用，同时也大大促进了其自身权势的扩张。在元禄十五年三月九日的记录中有这样一条嘉奖吉保的内容：

> 今日（纲吉）召见了松平美浓守吉保，当面对他说道：
>
> “此次尼公（桂昌院）册封之事，多蒙吉保向朝廷进言，称赞纲吉公的孝心，才使尼公晚年获此无上荣耀。不仅如此，吉保多年来一力承担国家大事，处

理内外政务，功劳无人可比。”

于是给吉保加增两万石，吉保的俸禄变为十一万二千零三十石。

（同前书）

所以桂昌院的品级晋升在使纲吉欢欣雀跃的同时，也成了吉保地位上升的机会。

不可能就此完结

纲吉政权实际上是纲吉－吉保联合政权。这一政权正处于歌舞升平、志得意满的鼎盛时期，前方的天空浮现的唯一一片乌云便是对浅野内匠头伤人事件的事后处理——不，这件事情早已通过命令内匠头切腹这一方式解决了，但这一解决方式让纲吉心里总觉得有些不是滋味。

纲吉在主观上追求儒家的仁政，故而他最在意的，一定是对这种处置不公——用当时的话说就是“偏颇”——的批判。当然，这些批判不会直接传入纲吉耳中，肯定会被他的亲信，比如柳泽吉保等人阻断吧。即使传到耳中，纲吉表面上当然也会装作毫不在意的样子。作为将军，一旦下达命令就不可能收回，他不能承认自己做出的裁决是“偏颇”的。

社会上到处都在传言赤穗浪士在谋划一些危险的事情，幕府的密探和便衣目付汇报给幕阁[①]的消息中也零星夹杂着相关内容，武士之间也都在谈论这一话题。而且除此之外，空气中还涌动着人们称之为民心或民意或舆论之类的一种令人不安的气息。

所谓民心，是一种虽然无形却不断朝着某一方向发展的类似于社会气压的东西。随着目标逐渐明确，它的形状也逐渐清晰。之前可以说是处于可闻频率范围以下的低频音，最后终于变成有意义的声波，获得了舆论这一具体的外形。舆论会以各种不同级别的声压作用于人们，上至幕阁舆论，下至陋巷百姓的街谈巷议。

元禄社会的各个阶层都在谈论赤穗事件的后续发展，似乎谁也不认为此事会就此完结。

社会的“气氛”

在江户时代，此前也发生过多起殿中伤人事件，然而为何独有这次的赤穗事件受到特别关注呢？

其原因之一是后来赤穗浪士们成功复仇，反过来照亮了引发这次复仇行动的殿中伤人事件，这点自不必说。如果没有后来的复仇，后世定然连浅野内匠头的名字都

---

① 幕府最高行政机关。

不会记得。但除此之外，在元禄年间的时代意识中，作为内匠头伤人动机而被强调的旧仇、积怨、耻辱等一系列感情表达给人们留下了特别强烈的印象，这一点也是毋庸置疑的。

谁也不敢给纲吉母子二人互相依恋的自恋情结泼冷水，但谁都知道，平素沉默寡言且惜字如金的老中、若年寄以及其他幕府官员们都在默默腹诽纲吉的“偏颇”。各藩国的大名只要在城中的工作地点一见面，就会谈论这个话题。

掌握国家枢要的功臣柳泽吉保定然也以其特有的政治敏感认识到了这一点，但吉保不光是纲吉的忠臣，还是宠臣，甚至有传闻说二人之间有着男色关系。千方百计逢迎主君之意并非其唯一所能，柳泽吉保所面对的课题，定然是如何才能使纲吉政权毫发无伤地渡过这次难关。

在承受巨大压力这点上，赤穗浪士们也是一样。舆论并非全都是对他们有利的，当然大部分可能都出自善意，但其中也有些煽动他们快快复仇的、不负责任的期待和鼓励。还有一些抱着看热闹的心态发出的不知该称为声援还是嘲骂的声音：到底在磨蹭些什么啊！还不赶紧报仇！

大石内藏助还好，能站在全局性视野隐忍自持，但那些底层的浪士就不可能这样了。复仇与其说是武士的权利，不如说是一项义务，沉重地压在他们身上。正因为人们满怀期待，所以时间拖得越久，他们就越会被说成“胆小鬼、没骨气”，被唾骂、被羞辱、被瞧不起，甚至有人开始说不想报仇的武士连畜生也不如。所有这些压力，这些沉重的社会负担，都直接压到了赤穗浪士们身上。

第六章　全体潜入江户！

1　前面的路已只有一条

处分浅野大学

《常宪院殿御实纪》第四十六卷中记载了对浅野大学的处分："命寄合（俸禄在三千石以上的无职务的旗本）大学长广由其本家松平（浅野）安艺守纲长带回封地监管。"不把大学提升为大名，而是将其交由亲戚监管，这一处分显然与纲吉有关。即使不能肯定地说这是出于纲吉的意思，但他应该也知道幕府会做出这样的处分。

从该书中稍后一些即十二月十五日（吉良府遇袭的次日）的记载中可以更加清楚地看到："大学最终被剥夺了采邑（领地），由本家松平安艺守纲长监管。"（着重号为引用者所加）监管乃是刑罚的一种，之前的闭门思过是受内匠头株连而得到的处分，然而这一处分解除后，大学却被剥夺了身为寄合旗本所拥有的封地，失去了身份，由本家监管了，可以说是受到了再次处分。

关于此事，《大垣藩户田氏播州赤穗一卷觉书》中表述得最为直白："大学大人作为浪人前往安艺广岛。"（着重号为引用者所加）其实，虽然内匠头长矩曾将大学长广收为养子，但这兄弟二人之间的感情似乎并不太好。《诚尽忠臣记》中甚至记述内匠头在即将切腹时，对检使说："大学有些地方不合我意，我正打算从今年春天开始与他绝义（断绝兄弟、亲戚之间的关系）。请向老中大人转达我的话。"幕府之所以未让大学继承内匠头的家业，或许与这番话也有关系。

关于浅野大学的情况，之后可能不会再提到，所以这里先略述一下其最终结果吧。在忠臣藏事件尘埃落定的大约七年半后，即宝永六年（1709）八月，因纲吉去世而大赦天下，大学获得赦免，解除监禁；翌年即宝永七年九月十六日，第六代将军家宣给了他五百石俸禄，恢复了他的旗本身份。说到底，大学也不过是这种程度的人物罢了。

柳泽吉保的暗中谋划

眼下说的还是元禄十五年的事情。

就这样，大石内藏助的苦心经营全部化为泡影。不论是广岛本家和浅野家各门亲戚，还是口头承诺会帮忙向老中进言的几位幕府目付，还有抱着病急乱投医的心态指望着的其他所有人，没有一个帮得上忙的。这样一来内藏助便别无选择了，况且他还亲口向同志们许下了“武士一言”：如果亡君的三周年祭过后仍无任何动静，则无论谁说什么，也不会再多等一天。内藏助现在是骑虎难下了。

反过来看，柳泽吉保给浅野大学下达监禁的处分，对他自己来说也是一个重大的抉择。因为他定然也预想到，如此一来赤穗浪士们将无可选择地踏上复仇之路。但吉保仍选择了冒险。

吉保最关心的事情是尽量不对纲吉政权造成损害。“将军无戏言”这个体面无论如何都必须维护。幕府不可能不痛不痒地做出妥协，轻易让被内匠头连累的浅野大学继承赤穗藩的名号。

但另一方面，认为对内匠头的裁决有失“偏颇”的非难，也在幕府内部无声地蔓延开来。虽然大家顾及纲吉－吉保政权的意向，没有公开地表现出来，但在老中和若年寄中间正在隐约形成一种舆论，认为这是“上头”的过失。柳泽吉保已敏锐地捕捉到了这一点。

要想在不撤回“废除赤穗藩”这一成命的情况下，一点一点地纠正这一裁决的“偏颇”，恢复政治的公正性，该怎样做才好呢？柳泽吉保精妙绝伦的微调自此开始。

之前我们看到大石在二月十六日以池田久右卫门的名义写给堀部安兵卫的信中，有“即使侥幸得到幕府默许”这样一句，说明他已隐约感到幕府对复仇予以默许的可能性。对于堀部安兵卫等激进派的活动，幕府当然进行着严密监视，但当事人似乎并不甚以为意。此外，仔细想想，人们得出大石内藏助沉溺酒色的行为“是真的”这一结论的时机未免过早。综合所有这些因素来判断的话，我们便会强烈感觉到，掌握国家枢要大权的吉保从某一时期开始，便任由赤穗浪士对吉良上野介采取行动了。

新吉良府

还有一点值得注意，那就是关于吉良上野介在本所的官赐府邸的情况。

府邸变更的消息刚传出来时，诸大名之间私下里有许多议论，对此前一章也略有介绍。而上野介的新宅在安全性方面相当之差，以至于让人觉得这些议论也并非空穴来风。

吉良上野介宅邸占地面积二千五百五十坪①

① 1坪约为3.306平方米。1间约等于1.818米。

东面道宽　五间
西面道宽　五间
南面道宽　七间
北面　　　本多孙太郎宅邸
东面　　　三十四间二尺八寸余
西面　　　三十四间四尺八寸余
南北两面　七十三间三尺七寸余

（『東京市史稿』市街篇第十四）

这块土地当时被称作“北本所一二之桥间大街”“本所无缘寺后街”“二之目吉良府邸”等（元禄十六年十一月前后起更名为“松坂町”），与竖川平行，东西狭长。正门所在的东面与旗本牧野长门守直成的府邸只隔一条道路；西面是回向院的后街，二者间也只隔一条道路；北面一墙之隔有两户人家，东边是旗本本多孙太郎长员府，西边是旗本土屋主税逵直府（参见图3）。这两个名字都会在不久后攻打吉良府的时候再次出现。

“这些人也并不全是胆小鬼”

大石内藏助绝非一开始就计划要攻打吉良府。所以那些关于他在此过程中巧妙运用智谋排除动机不纯者，最后精选出真正的义士——或者说为结合而进行分离——的故

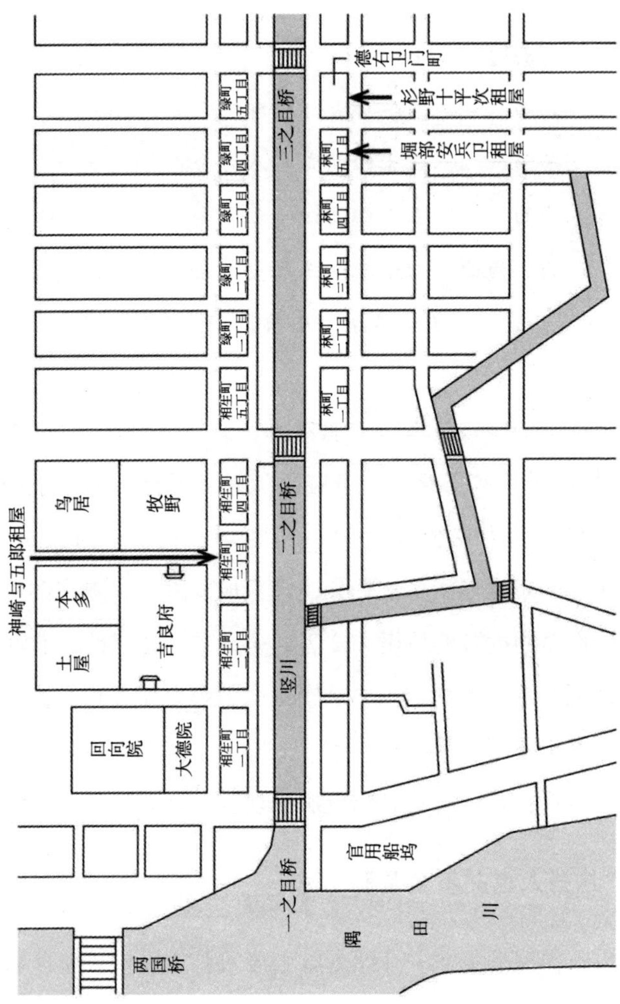

图3　吉良府周边示意图（基于『增訂赤穗義士事典』制作）

事，只不过是后世臆造出来的罢了。大石当时只能尽人事听天命。随着浅野大学的处分确定下来，赤穗藩复兴的梦想已破灭，内藏助也做好了思想准备，只能沿着攻打吉良府这一条路勇往直前了。

据《江赤见闻记》第四卷记载，夏天时曾多达“一百二十余人”（见前引）的加盟者中，在浅野大学的处分公布、内藏助最终离开上方之前，不断有人因为对内藏助的最终方针有疑问和异议而发生纠纷争执，“离（大石而）去者多达六十余人”，就是说一下子减少了一半。

那些与内藏助分道扬镳的人在动机上并非一概而同，因此本节的标题才特意澄清“这些人也并不全是胆小鬼”。其中最多的大概是因为失去了能再次成为赤穗藩士的可能性，权衡利弊后离去的吧，这不能成为责怪退盟者的理由，因为就连内藏助自己，在某种程度上也抱着同样的期待。

堀部安兵卫等江户激进派，以及不久之后与其协同行动的原惣右卫门、大高源五等上方武斗派心中所想的是对亡君个人的忠义，堀部等人称之为“体面”。而大石的“体面”又与前者不同，是对播州赤穗藩的忠义。因而大石必须对已被“改易”的赤穗藩浅野家的存续负起责任。

既然是忠义的问题，事情就麻烦了，这是作为武士的信义的问题。如果抛弃了信义，以后便无法作为武士生存下去。大石要贯彻的信义，不光是对亡君的忠诚，还要对赤穗藩全体遗臣负责。能够恪守信义，当然说明大石内藏助气魄不凡，但另一方面也必须看到时代的道德伦理观念（是伦理也是习俗）作为一种约束力，起着多么强大的作用。在有些时间、有些情况下，人在内在道德伦理观的作用下，无论如何都不得不做出一个决断，而大石把握住了这一时机。

圆山会议与“返还誓约”

七月二十八日，即浅野大学由广岛本家监管的命令下达十天之后，赤穗浪士们在京都举行了“圆山会议”，出席者有十九人。

具体如下：

大石内藏助/大石主税/原惣右卫门/小野寺十内/小野寺幸右卫门/间濑久太夫/间濑孙九郎/堀部安兵卫/潮田又之丞/大高源五/武林唯七/中村勘助/不破数右卫门/贝贺弥左卫门/大石孙四郎/大石濑左卫门/矢头右卫门七/冈本次郎左卫门/三村次郎左卫门

这些人中除后来退盟的大石孙四郎和冈本次郎左卫门外，都成了攻打吉良府的主力成员。

有两点值得特别一提：一是堀部安兵卫参加了这次会议，二是进藤源四郎和小山源五右卫门没来参加。关于第二点将在后面详细叙述，这里暂且确认一点，那便是这次圆山会议就攻打吉良府的实施计划明确达成了一致。堀部安兵卫在会议达成决议之后，于八月二日离京，十日回到江户，着手召集各位同志。

另外，在这前后，大石内藏助考虑到重振家业已不在奋斗目标之内，便逐一返还了大家加盟时的誓约，只留下一心想要攻打吉良府的人，这便是“返还誓约”。

不安与动摇

从这时起，赤穗浪士们的周围突然变得不平静起来。据《江赤见闻记》记载：“浪人们的行动虽然相当隐秘，但毕竟人数众多，所以京都、伏见一带骚动起来，流传着有人已开始变卖家具什物的传闻。”

吉良家的谍报网也探查到了这一动向，上方的大名也假惺惺地特意通报给吉良家。江户的吉良府接到这些消息后加强了警戒。“当地的大名家中可能有吉良家的眼线吧，听说吉良府的警戒变得格外严密。”（同前）据上方一带风传，袭击计划走漏了风声，幕府知道后命令各处关卡加强对浪人的盘查，先行东下的同志中已有人被捕了。

实际上并无关于被捕者的记录，但这些传闻导致上方浪士内部出现慎重论。有人提出，“最近的传闻引起敌方严密戒备，最好避开这一时期，等到来年春天再前往江户”（同前）。经多方商议，大石唯有耐下性子静观事态发展。

在此期间也不免有些人出于各种原因遭受挫折、穷困而死、退出同盟或变节。茅野三平和桥本平左卫门的情况之前已叙述过。不止如此，在圆山会议前后，领导班子内部也开始出现了动摇。

进藤源四郎便是其中之一。在此之前，他被认为在立场上与大石内藏助极为接近。他的伯父进藤八郎右卫门供职于浅野本家的广岛藩，此次奉命作为船奉行来押送浅野大学，趁此机会当面盘问了源四郎许多问题，一针见血地问：“你们是在暗中谋划什么吧”，逼得源四郎老老实实道出了计划的大致内容。八郎右卫门听后的反应是这样的：

“你的心情我完全理解。但现在时机未到，本家安艺守的意思也是此事或许会引起天下骚乱，所以希望你无论如何也要放弃这个念头。”（同前）

这是在向他施加压力。就这样，直到最后一刻，广岛藩浅野本家一直在阻挠赤穗浪士们的脚步。因此，进藤源四郎未能出现在圆山会议上。

对于被通俗的忠臣藏史观不分青红皂白统统称作“不义之士”的退盟者、变节者，《江赤见闻记》予以了相应公正的评判。是否支持内藏助，原因在于意见是否一致，并非“义”或“不义”的问题。在内藏助离开上方前后，退盟者多达六十余人，但其中有人明确说“万一大石他们行动失败，自己打算成为第二梯队”（同前），这未必是遁词。

在烟花柳巷的“劣迹”

此外，内藏助在烟花柳巷的“劣迹”也成为一些人离他而去的理由。这些人历数内藏助的劣迹，说他是“武运已尽了吧，变得勇气尽失、胆小畏缩”（同前），以此作为退盟的借口。

顺便说一下大石内藏助的表兄弟浅野左兵卫长武这个人物。此人是一名俸禄三千五百石的旗本。他的用人朝原文左卫门重荣留下了一本关于赤穗事件的手记——《朝原重荣觉书》(『赤穗義士史料』上卷所收)，其中记载着内藏助在八月八日前后，曾将重荣叫到山科，托他让浅野长武跟自己断绝关系。

因为怕实施攻打吉良府的行动之后会累及表兄弟长武，内藏助恳求重荣“请让浅野左兵卫大人发布一个书面声明，就说因内藏助成为浪人后品行恶劣、行为极不检点，令左兵卫大人心生厌恶，故与之断绝关系”。所以内藏助沉湎酒色的行为，即便是佯狂（装疯卖傻），也足以使周围的人信以为真。事实上，真的有人对此深信不疑。

进藤源四郎，还有奥野将监、小山源五右卫门、冈本次郎左卫门便是如此。其中只有奥野将监一人是在圆山会议之后立即提出退盟的，其他三人则是在分别写给内藏助的信中附上了退盟告知书。其中陈述的原因也大体相同：进藤源四郎是“因为有想法（意见）”（闰八月八日）；冈本次郎左卫门与他一样，也是“因为有想法（意见）”（闰八月九日）；小山源五右卫门是“因个人浅见”（闰八月十日）而提出退盟（『忠臣藏』第三卷所收）。

《寺坂信行自记》

自这年八月起到十二月十五日发动袭击期间，可供参考的基础资料是《寺坂信行自记》。寺坂吉右卫门信行是赤穗藩吉田忠左卫门组[①]下的一名足轻，身份还在武士之下。

但他是忠左卫门的左膀右臂，十分精明强干。可是在攻打吉良府的次日早上，他却忽然没了踪影。关于此事的真相众说纷纭，至今仍有争议。

事件发生时的资料对义士人数的记载均为四十六，因为未将寺坂吉右卫门计入参加袭击者。参加袭击的当事者

① 江户时代大名军队的组织单位。

们也四处散布寺坂逃亡的说法。

对于这个所谓的“寺坂问题”，笔者将在适当的时候展开叙述。撇开这点不谈，寺坂实际承担着类似吉田忠左卫门秘书的工作，而且做得非常出色，文章也写得条理清晰、简明洗练。《寺坂信行自记》作为一部对吉田忠左卫门等人活动的旁观记录，文笔生动、可信度高。

忠左卫门作为大石内藏助的全权代理，于三月五日东下江户，此后一直住在江户，不断为大石输送江户的情报。七月，浅野大学由广岛浅野本家长期监管的处分确定下来后，忠左卫门将这一情报传递给了大石。正是这一情报促使圆山会议做出决议，将复仇锁定为唯一目标。他本人则在此之后迁居新麹町六丁目（现东京都千代田区），接待从上方陆续东下的同志们。

《寺坂信行自记》从这部分开始，那些在忠臣藏文学，尤其是《赤穗义士铭铭传》中耳熟能详的义士名字开始次第登场。

大石主税

在此容我对大石主税略做介绍。

毋庸赘言，主税是大石内藏助的长子，生于元禄元年（1688），时年十五岁。元禄十五年四月，内藏助预想到自己可能遭受的刑罚，为避免连累妻子儿女，在东下江户之前，先与妻子阿陆离了婚，让她带着年纪尚幼的两个孩子（一男一女）回了老家但马（现兵库县北部）丰冈，但是把主税一人留在了山科。

对于主税是几时东下江户的，《寺坂信行自记》中没有明确记载，但根据《增订赤穗义士事典》，主税是先内藏助一步，于九月十九日从山科出发，当月二十四日抵达江户的。此外，在松山藩久松家——攻打吉良府的次日，分别接管了四十六士的四个大名家之一——的《松山侯赤穗记闻书》（别名《波贺朝荣闻书》）中还发现了一段十分有趣的文字，这是松山藩士波贺清太夫朝荣从久松家所接管的堀部安兵卫口中听到并记录下来的：

> 住在上方的兄弟们各自安顿了妻子儿女后，从八月末到闰八月、九月、十月，为避人耳目，三三两两分散前往江户。不过内藏助大人在自己东下之前，先遣了嫡子主税去往江户，作为江户兄弟们的人质。（着重号为引用者所加）

原来大石主税是人质呀。派遣人质指的是武将之间作为誓约的保证，将妻子儿女或其他亲人交由对方看管的做法，是战国时代的遗风。这也许是因为，虽然到了看似已经全体一致决定攻打吉良府的阶段，但内藏助仍未得到全面的信任；也或许是因为，内藏助不惜用这种方式来证明自己决不退缩的决心。

不管怎样，应从中看到这群人中仍然存在根深蒂固的不信任感。为消除这种不信任感，需要一种相当严肃的表态，事实上这些人中此后也有不少人因为亲情的羁绊而退出了同盟。

即使是在结成复仇同盟的同志之间，人与人之间的关系也如此冷酷。可见在元禄这样一个时代，尚未被太平的世相完全掩埋的原初的武士道精神还依然鲜活。

对于元禄时期的人来说不言自明的这种感觉——在特定条件下，即使是同志之间也需要人质——在稍后一些的时期迅速变成了人们无法理解的东西。不，即使在同一时期，当事人以外的其他人可能就已经无法理解了。周围的人大多认为，既然内藏助能做出这么冷酷的事，那么他与主税的父子关系定然不寻常。于是出现了一种说法，认为主税是私生子。

有本关于赤穗义士的杂谈集名为《赤水乡谈》，创作于天明年间（1781～1789）。书中有一节记录了一位经常出入大石家的盲人所说的话："有关赤穗义士的很多书中都写着主税良金是私生子，这样写也许有一定的缘由，但主税毫无疑问是内藏助的妻子阿陆的亲生儿子，是吉千代和大三郎的哥哥。"还有，"多数观点认为主税确切无疑并非私生子。也许因为有吉千代、大三郎是私生子一说，误传成了主税吧”。

这里所说的很多书是指哪些并不清楚，因为多数已散佚失传，但主税乃私生子一说作为一种民间传说流传在街头巷尾，在一些作品中也留下了痕迹，比如第四章中介绍过的本居宣长的听经笔记《赤穗义士传》。

> 主税良金乃私生子，七岁就离开了生母，但服侍继母的态度比对亲生母亲还要情真意切，而继母对主税也比亲生儿子还要疼爱。

这煞有介事的语气，简直让人对主税乃私生子一说信以为真，但笔者还是选择相信主税是嫡子这一说法，因为在用亲人做人质时，若非嫡子，江户激进派的猛将们是不可能答应的。

前途暗淡

另外关于庶子的处境，从大石内藏助在元禄十五年十一月二十五日写给自己叔父（小山源五又卫门之子）的信（『忠臣藏』第三卷所收）中可隐约看出。大石有位以擅长歌舞伎而出名的爱妾阿轻，信中便是关于阿轻所生之子的嘱托：

若是这孩子将来变得浮华轻薄、人品卑劣，那时还请您多费心管教。若是由于某种原因不得已做了相公（男妓）或暗门子（暗娼），那也是没有办法的事。近来我已不甚为此忧心，但仍是有些挂记，这样会对实现大业造成影响，所以向您提出来。

吉之进（主税的弟弟，与前面提到的吉千代疑为同一人）的情况我已知晓，没想到他会出家，这也是无可奈何之事。

赤穗浪士的遗孤们将要面对的未来图景早早便已被描绘好：或是受父亲的罪行株连被流放孤岛，或是经历颠沛流离之后沦为娼妓，又或是出家。

大石内藏助的孩子尚且如此，自不必说其他同志的子弟儿女，前途恐怕更是暗淡堪忧吧。况且在故事发展的这个阶段，袭击吉良府的行动是否能够成功还完全是个未知数。

2　乔装改扮，改名换姓

垣见五郎兵卫

大石内藏助终于发出了行动信号，于是散布在上方各处的同志们便三三两两乔装改扮、改名换姓地来到江户，以本所的吉良府为目标开始集结。浪士们移居江户的过程从八月下旬直到十月末，历时两个月左右。靠着吉田忠左卫门的张罗，他们最终在江户的十多处出租房中安顿下来（后述）。

十一月五日，作为殿后的大石内藏助离开暂居的平间村（现神奈川县川崎市），与潮田又之丞、近松勘六、三村次郎左卫门一道，来到石町三丁目（现东京都中央区日本桥室町三丁目）大石主税的租屋与之会合。

此时大石主税化名垣见左内，自称是江州[①]的乡士[②]，以来江户打官司的名义租了房子。内藏助则自称是其伯父垣见五郎兵卫，因左内年纪尚幼，所以作为其监护人来到江户。

谁料途中竟出了一件奇事——在某次投宿的旅店里，竟与日野大纳言家的用人、正牌的垣见五郎兵卫撞了个正着！当时的场景可能会是这样的吧：

五郎兵卫大吃一惊，一股怒火冲上头顶，大步流星走进冒牌的五郎兵卫等候着的客厅，把地板都踩得咚咚响。不料对方却厚颜无耻地倚在扶手上，悠然自

① 今滋贺县。

② 住在农村务农的武士。

得地向自己看过来。

“听说阁下自称是日野家的用人垣见五郎兵卫，这谎也扯得太大了些吧！吾乃如假包换的正牌垣见五郎兵卫，看你这下往哪里逃！速将你的真实身份道来！”

“这可真是咄咄怪事，天下怎么可能有两个垣见五郎兵卫？吾亦极是疑惑！”

“阁下若是真正的垣见五郎兵卫，定然会有证据在手。那么，请立即拿出你的铁证吧！”

本以为这番话会令对方哑口无言，不料对方竟泰然自若，毫无惧色地从事先准备好的一个紫绸包袱里拿出一样东西放在了正牌垣见五郎兵卫席前。

“啊呀！这是……”

五郎兵卫惊得目瞪口呆也是自然，因为他面前摆着的竟然是一方白木三宝①，上面放着一把短刀，刀柄护手上的图案分明是浅野家的家徽——“交叉的鹰羽”！

五郎兵卫猛然回过神来，再次端详了一下对方的脸，发现对方虽然面带微笑、装作一副泰然自若的表情，但眼中丝毫没有笑意，而是饱含着破釜沉舟的决

---

① 带底座的白木四角方盘，向神佛和贵人敬献贡品时用。

心在打量着自己。明白了！一切都已了然于胸的五郎兵卫停顿了片刻之后说道：

“啊，失礼了！既然已看到证据，那定然不会有错了，我还道是他人冒充，原来世上真有如此相似的姓名。现在疑问消除，我等这便离去！”

说着五郎兵卫便要离开。临走时他压低嗓子，用只有冒牌五郎兵卫一人才能听到的声音说了句：“对了，日野家的家徽可是鹤丸。”

冒牌五郎兵卫，不，大石内藏助始终一言不发，但在他走出房间时于电光火石间与他对视的那一眼中充满了感谢之意。

图 4　浅野家家徽

资料来源：Alex Tora 制作，来源于 https：//commons. wikimedia. org/wiki/File：Alex_ K_ Hiroshima_ Asano_ kamon. svg。

在隔壁房间手按刀柄、蓄势待发的赤穗藩士们终于松了一口气。正牌五郎兵卫一边感受着隔壁房间隐隐传来的这种气息，一边穿过走廊离开了。

图 5　日野家家徽

但事实上这段故事是到了明治时代以后才被加工润色出来的。若说原型，垣见五郎兵卫和垣见左内这两个名字在幕府末年杂学家山崎美成的《赤穗义士一夕话》（嘉永年间）中确实出现过，但尚未有与其本人狭路相逢的故事情节。

明治维新之后，《赤穗义士铭铭传》多次再版，其中较早的有明治二十年（1887）出版的厚板纸封面的《绘本赤穗义士铭铭传》（出版社不详），还有幕府末期至明治时期著名讲谈师、第一代桃川如燕所著《赤穗义士铭铭传》系列（二书房）的明治四十五年（1912）版等。这些版本中垣见五郎兵卫的名字均已作为江州乡士覓左内（主税的化名）的伯父出现。日本国立国会图书馆的数字馆藏（digital collection）中所收录的是明治四十四年（1911）发行的尚文馆版，但这只是再版，初版还要更早。据考证，此版本与原版一致，其中也同样出现了垣见五郎兵卫的名字。

“铭铭传”的世界

大体上以上述逸闻趣事为代表的一系列民间传说被统称为“赤穗义士铭铭传”，它与“赤穗义士外传”系列故事一起，共同构成了独立于忠臣藏文学的主体——可称之为“本纪”——之外的一个应被称为“列传”的、独特的作品世界。从幕府末年开始，随着德川幕府势力渐衰，禁止对将军及大名家族指名道姓的规定渐渐放松，再加上明治以后，对出版业的管制全面解禁，此类文学样式在讲谈和浪曲等大众文艺作品中迅速发展壮大，近年来电影、电视等影像文化的发展又进一步加强了这一趋势。

元禄十五年从秋至冬的这几个月，对一心为主君复仇的赤穗遗臣们来说是一段不折不扣的艰难困苦的时期。浪士们顶着内外种种困难和压力坚持信念、矢志不渝，个中辛苦因人而异，称之为“铭铭传”恰如其分。

正如此节标题所写的那样，这是一系列的小故事，分别以不同的义士为主人公。当然不是说四十六人或四十七人都各有故事，而是汇集了十几个或浅显易懂或催人泪下或扣人心弦的故事，总之都是大众喜闻乐见的类型故事。

例如：

《神崎与五郎的道歉字据》

《堀部安兵卫血斗高田马场》

《俵星玄番与夜售荞麦面的小贩（杉野十平次）》

《大高源五与俳人宝井其角》

《赤垣（赤埴）源藏把酒道别》

以上多个著名场景都是“铭铭传”中的固定篇目。前面所看到的《内藏助沉溺酒色》也是固定篇目之一，但“铭铭传”中的这个故事已脱离了“本纪”中那种严肃的探讨，即坊间私下谈论的内藏助是真的放浪形骸还是装疯卖傻的问题，而重在刻画其个人形象，渐渐清晰地形成了歌舞伎中所谓“辛抱役”的形象。从中可以相当清楚地看到其形成过程。

“美谈”的背后

在“铭铭传”的世界中，无论是吃苦的故事也好，受穷的故事也罢，全都选取了可以“入画”的场面呈现给读者。所以它尽管只是在“本纪”的边缘角落展开的

“列传”世界，是以市井陋巷、胡同僻街为舞台展开的故事，但描绘的到底只是表面的世界，而非人生灰暗的另一面。在忠臣藏世界的深处涌动着无数决计难以入画的现实，周围的人投向赤穗浪士的目光也并不都是温暖的。

> 世人最喜闲言碎语，随意的批评张口就来：“赤穗的浪人们就这点出息吗？只顾爱惜性命，竟与亡君的仇人共顶一片天！”再加上浪士中有生了胆怯退缩之心的家伙，为遮掩自己的丑恶，便众口一词地谴责赤穗浪士们无用，毁谤那些有志报仇的赤穗浪士：“忠义的话谁都会说，听说金子和石头有时也会生锈的。”
>
> （『介石記』卷第一）

在决意攻打吉良府的浪士们陆续潜入江户期间，知道计划的只有以大石内藏助为中心的极其值得信赖的一群核心成员，所以他们都面对着来自内外两方面的巨大的疑惑和猜疑，其中最痛苦的莫过于甚至对自己的父母、兄弟及其他亲人也要保守秘密。

事实上，“赤穗义士铭铭传”系列中便有这样一些十分醒目的章节标题，很能说明这一点。比如《绘本赤穗义士铭铭传》中有如下故事：

《武林唯七之母守节而死之事》

《富森助右卫门矢志不渝之事》

《（原）惣右卫门老母自尽之事》

《冈野金右卫门计略之事》

虽然这些故事的章节设置因版本而异，但区别不过是有没有将该标题特别突出而已。前三则是描写义士的母亲或妻子为了让义士能毫无顾虑地舍生取义而自尽的故事，最后一则是叙述冈野金右卫门为获取吉良府的平面图而色诱婢女阿艳的故事。

每个故事都被打造成一则美谈佳话，但仔细想来，其背后都隐藏着残酷的事实，那便是为了实现大义而不得不舍车保帅。而且这还只是能够纳入“铭铭传”范围内的、以四十七士逸闻的形式公开于众的部分。应当看到其背后还隐藏着许多永不为世人所知的残酷而悲惨的故事吧。

义与不义只隔一层纸

就这样，活动的中心转移到了江户。但同志中间出现了一些来到江户之后却退出同盟的情况，这也是事实。

据《江赤见闻记》描述，在赤穗浪士们百般辛苦的这段时日，他们的眼中钉吉良上野介却又是去看望生病的儿子上杉纲宪，又是举办茶会招待宾客，过得十分逍遥自在。无论浪士们多么怒不可遏，没有内藏助的许可，他们也只能按兵不动。书中接着写道："在抱着必死的决心从上方来到江户的兄弟们中间，也有两三人因离开了父母儿女、兄弟手足而生出怯懦之心、逃回上方去的。"（第四卷）

书中没有写明这"两三人"具体是谁，有可能是《介石记》第二卷的"背盟者"名单中最后列出的中田理平次、铃田重八、田中贞四郎三人。

另外，大正九年（1920）出版的奇书——醍醐惠端的《赤穗不义之士户籍调查》中也将中村清右卫门、中田理平次、铃田重八、田中贞四郎这几个名字一道写入了不义之士的名单里（《介石记》中没有中村清右卫门的名字）。

中村清右卫门在十一月二日给原惣右卫门写了一封信，信中以"老母言生计极艰，吾心中实是不忍"为由提出退盟。铃田重八也在同一天向原惣右卫门寄出一封信，诉说了老母无人可依的窘境之后，"为不弃老母，唯有舍弃吾之颜面"，提出退盟。

将亲人之爱作为放弃信念的动机而提出来的做法，自古以来就是日本思想史上的传统。人们可能觉得，即便是复仇同盟，也只是为了共同的目标而结合在一起的关系，仅仅是一种无机的、抽象的纽带而已，到底还是缺乏封建社会中那种血缘与地缘共同体固有的、基于深厚人际交往的亲密的人际关系吧。

可以说，这明明白白地反映了赤穗武士作为乡下人的弱点。从未见识过外部世界的地方武士，突然一下子置身于当时便有百万人口的大都市，被这高速运转的超级大都市中巨大的能量压得喘不过气来，因而会思念故乡，这也是很容易理解的。看到宏伟的大名宅邸和威严的武家宅邸鳞次栉比，心生畏惧，觉得在这样的地方即使努力战斗也没有胜算，因而产生怯意，这也是很自然的。

但即使如此，还是有一些人留了下来，茅野和助（横目付，五两三人扶持）便是坚持到最后的一员。他在十二月五日给父亲的信（『忠臣藏』第三卷所收）中这样写道：

> 此次为亡君报仇的人数，以大石内藏助为首，有五十人左右。如果我在这个当口逃走，不光是我自己，就连弟弟武次郎和犬子猪之助都要被人唾骂有违武士之道吧。

这应该便是直至最后一刻都未脱离战斗队伍的人们的普遍心态。

茅野和助就算只为争口气也不能在这个关头逃跑。一旦逃跑，就等于葬送了弟弟和儿子作为武士一族的未来。这是亲人之爱，之前的铃田重八无法舍弃老母也是亲人之爱，两人之间的差距只是一张纸。

最后留下的四十七人

最终浓缩为四十七人的志士中，熟悉江户生活的人为数极少。据后来神崎说：

> 堀部弥兵卫和安兵卫父子已完全熟悉了江户生活，（略）此外前原伊助、杉野十平次等七人是江户人，除此之外，其他所有人都是最近刚从乡下过来的。
>
> （「水野家監物、浅野義士御預古文書」[①]）

全体人员中常驻江户即熟悉江户的人，仅有七名，内藏助本人也是“不熟悉江户”的，但这些赤穗浪士们一起潜入了江户。

如前所述，此时出现了一些退盟者，这是无可奈何之事，但其核心成员都巧妙地融入了大江户的社会。大江户

① 意为水野家监管浅野义士的相关古文献。

很大，这是坏事也是好事。因为其人口构成十分复杂，即便一群危险分子潜入城市的某个角落，也丝毫不会引起注意。

据《寺坂信行自记》记载，潜入江户的这群人共分散到了十三个地方。以下名单中括号内为化名。同行的侍从未计算在内。另外，有些人名和地名的写法与前文略有不同。

①石町三丁目　里店[①]小山屋弥兵卫[②]

大石内藏助（垣见五郎兵卫）、大石主税（垣见左内）等七人

②新麹町六丁目　表店[③]土屋喜右卫门

吉田忠右（左）卫门［田口一贞（真）］、原惣右卫门（和田元真）等四人

③新麹町四丁目　和泉屋五郎兵卫店

中村勘助（山彦加兵卫）、间濑久太夫（医师三桥论贞）等六人

④新麹町四丁目里町　大屋七郎右卫门店

千马三郎兵卫（原三助）、间喜兵卫（杣庄喜

---

① 背街胡同里简陋的出租房、大杂院。

② 应为房东名字或出租屋的名称，后同。

③ 临街的出租房。

斋）等四人

⑤新麹町五丁目　秋田屋权右卫门店

富森助右卫门（山本七左卫门）

⑥芝通町三丁目浜松町　干物屋惣兵卫店

赤垣（埴）源藏（高畑源野右卫门）、矢田五郎右卫门（塙武助）

⑦初南八丁堀店

村松喜兵卫（村松隆圓）

⑧深川黑江町（现东京都江东区门前仲町）捣米屋清右卫门店

奥田贞右卫门（西村丹下）、奥田孙太夫（西村清右卫门）

⑨芝源助町（现港区东新桥）

矶贝十郎左卫门（内藤十郎左卫门）、茅（萱）野和助（富田藤吾）等三人

⑩本所三之目林町（现江东区立川）　平野屋十左卫门店

片冈源五右卫门（吉田胜兵卫）、大高源五（胁屋新之丞）等五人

⑪本所林町五丁目　纪伊国屋店

堀部安兵卫（长江七左卫门）、毛利小平太（木原武右卫门）等六人

⑫本所三之目横町　纪伊国屋店

杉野十平次（杉野九一右卫门）、武林只（唯）七（渡边七郎左卫门）等三人

⑬本所二之目相生町三丁目

前原伊助（米屋五兵卫）、神崎与五郎（小豆屋善兵卫）

①石町三丁目的里店是日本桥的公事宿。公事宿是指因各类诉讼事件来到江户的人为等待判决结果而住宿的旅店。先是大石主税化名垣见左内，自称是从上方来打官司的年轻人而住了进去。住了几日看到并无异样，内藏助本人也以其伯父这一监护人的名义住了进来。公事宿在当时生意十分兴隆，多少有些人员变动，是没有人会起疑心的。

潜入地点就不一一叙述了，总之这些分散的秘密住所安排得十分巧妙，正好将本所的吉良府包围起来。

在⑨芝源助町，矶贝十郎左卫门看上去很本分地经营着一家酒馆——他的町人装束曾被堀部安兵卫好一通嘲笑。而大高源五（⑩）、堀部安兵卫（⑪）、杉野十平次（⑫）、前原伊助（⑬）等人竟然住进了与目标地近在咫尺的本所的街区，实在是胆大包天。

堀部安兵卫看来相当讨厌穿上町人装束，所以挂出了

剑术指导的招牌。在当时的本所一带，即使有些这种不务正业的人，也不会特别令人感到奇怪。

3　决战前夜

一切按规矩办事

在此让我们再次确认一下元禄年间本所地区的情况。当时的本所，既有回向院[①]的门前町[②]，又有武家宅邸，商铺与农田混杂在一起，具有杂居性、边缘性、新开发性、低洼潮湿的特点。

据很早就开始勘察这个地区的吉田忠左卫门描述，“据说本所是城市边缘地带，辻番[③]的管制也很松散，各地浪人大量涌入此地”（闰八月七日书信，收录于『忠臣藏』第三卷）。可见这一地区的状况与武家地那种大名诸侯及大身旗本[④]的宅邸井然有序的状况是完全不同的。

这样一分析，显然可以看出吉良府迁至本所，是从吴服桥内这样的江户“一等地”迁到了地段又差、面积又

① 起初是埋葬死于明历大火的无名尸体的坟地，后建成寺院。

② 神社或寺院门前形成的街区。

③ 江户时代由大名、旗本设于江户武士居住区各交叉路口的岗哨，目的是加强武士自律，并防止武士夜间在街头随意杀人。

④ 身份高的旗本。

小、辻番制度不完善、治安也有问题的区域。吉良新居从各方面来看条件都不理想，所以被世人认为是“降了级”也很自然。

此处有个疑问再次浮出水面：幕府对这一命令带给上野介的不利影响究竟有何种程度的认识？

幕府的高层，尤其是一般认为会对浅野内匠头殿中伤人事件的处置抱有极大关心——同时也多少有些利害关系——的德川纲吉和柳泽吉保，是否对这一点心知肚明呢？幕府当然不可能对上野介见死不救，但也没有事实表明它为保护上野介投入了相应的人力。

幕府所采取的姿态始终是按规矩办事，上野介既然退休了，要求他返还宅邸也不过是照章办事，并非特别冷落了上野介。

幕府不可能不知道赤穗义士的动向，其情报网定然也已探知到他们正在策划复仇之事吧。只不过幕府采取的是一种官僚主义的僵化反应罢了。

如果赤穗义士的行动计划是直接针对幕府的，那么司法机关定会迅速将其镇压。但赤穗一党十分明智地并未显示出要找御公仪麻烦的样子，而是将目标限定为吉良上野介一人，所以幕府也就无从下手。上野介既然不可能指望御公仪庇护，就只能依靠与他有血缘关系的米泽藩上杉家了。

与上杉家必有一战

当然，赤穗义士们也已觉察到了这一点。《寺坂信行自记》中写道：

> 从十一月初到十二月十三日夜，将年轻人分为四组进行夜间巡视。考察了从本所的吉良府至樱田町的上杉家上官邸（现法务省一带）之间的路线后，从中选定两条，安排人员每日巡视，夜半换岗。此外还委托藩外人员在夜间对吉良府进行监视，看有无可疑人员进出。听闻上野介进了位于芝白金台（现港区白金二丁目）的中官邸（下官邸的笔误?），也是千方百计辨明其真伪。本所的吉良府自不必说，神崎与五郎和前原伊助二人还在其后门附近开了一家小店，扮作商人模样，日夜监视着人员进出。

本所二之目相生町三丁目与吉良府的后门近在咫尺。神崎与五郎化身小豆屋善兵卫，前原伊助化身米屋五兵卫，一面点头哈腰做着生意，一面眼观六路、滴水不漏地监视着吉良府的动静。

不仅如此，赤穗一党也没有忽略吉良府西面的两国桥一带，为把握路线和距离进行了周密的侦察。

很早之前我就知道吉良府的大小和方位，它与回向院之间十间[①]的间隔，寺内的大小以及到两国桥、两国广小路之间的街区划分与道路宽窄等，但知道的只是数字而已。这一次亲身到现场进行了察看。这是为做好准备，在实际攻入吉良府、顺利达成夙愿并撤回到回向院之后，若是上杉家蛮不讲理地派来大批人手，我方也能应战。

由此可见赤穗义士们考虑到即使攻打吉良府的行动获得成功，之后也必然要与上杉家一战。如前所述，从上野介那里继承了家督之位的左兵卫义周，其生父是出羽米泽藩藩主上杉纲宪，而纲宪的生父则是吉良上野介。这两家之间有着复杂的血缘关系，所以于情于理上杉家都应该保护上野介。

被当作累赘的上野介

在米泽，吉良上野介是不怎么受欢迎的。

比如在元禄十一年（1698）九月江户大火时，吉良最早位于锻冶桥内的宅子被殃及，于是新建了前面所说的吴服桥内的那幢旧宅，据说二万五千五百两的工程费全由

---

① 约 18 米。

上杉家支付（「吉良断滅記」『山形県史』資料篇三所收）。这件事情让米泽一方感觉是自家主君（纲宪）的生父在向收养了主君的上杉家索要或者说讹诈钱财。

主君的上杉家

米泽藩从元禄十四年（1701）开始实施的“借知”（向家臣征借俸禄）高达家臣俸禄的四分之一。享保以后，这一收入成为领主财政收入的固定项目。此后不久，上杉鹰山①进行了那场著名的藩政改革，其社会基础便是藩士们所处的这样一种极度贫困的状况。同年三月十四日，即伤人事件当日，《上杉氏事件应对记录》（「上杉氏の事件対処記録」『忠臣蔵』第三卷所収）中的相关记录是“清晨六时有人非法闯入本所宅邸”，语气十分平淡，使人感觉上杉家起初并未觉得是重大事件，对上野介的命运并无太大关心。

连上杉家的官方记录都是这般情形，所以其他藩的史料，特别是浅野家的记录以及第三方的传闻资料等，若是对现任家主纲宪与上杉家臣们之间的关系做出饱含恶意的揣测，也是很容易理解的。

---

① 江户后期米泽藩藩主，果断实施财政改革、殖产兴业、奖励俭约等一系列藩政改革，卓有政绩。

在伤人事件之后，上杉纲宪的一位近侍（姓名不详）曾向上野介说道：

“您活着可能会给上杉家带来灾祸，干脆切腹如何？”

上野介气得要命，强烈要求纲宪处罚这名近侍。

可是纲宪只能回答说：

“您说得很有道理，但此人在上杉家颇有些来头，这次还请您多多包涵。”

但对于这件事情，他毕竟不能置之不理。听说这名近侍不久之后便被解雇了（『江赤見聞記』卷七）。

此外在《赤穗钟秀记》（中卷）中也有同样的记述，只是内容更加夸张，连上野介的夫人富子也说出“你若是心疼自己的孩子就切腹吧”这样的话来。上野介听了这话当然十分恼火，与夫人不和，于是夫人回了上杉家，自此再也没跟他见过面。书中还说有一位上杉家的家臣（姓名不详）也从旁帮腔，慷慨激昂地表示“您若是肯这样做，我愿为您介错①，并随后切腹为您殉死”。这位家老一直待在上野介府苦劝多日，但上野介到底没有答应。

这段记述中很重要的是最后一句：“自从去年春天的争斗（殿中伤人）以后，便有传闻说上杉家旧臣们与上野介父子关系不睦。”不睦的不是父子间的关系，而是上

① 为剖腹自杀者斩头。

杉家的老臣们与上野介父子之间的关系。说白了，上野介被上杉家当作累赘看待。

那年冬天

元禄十五年（1702）的岁末异常寒冷，使人觉得此前几年席卷全国的异常气候在年底迎来了总决算。

《浅田家文书》（东京大学经济学部藏）中网罗了有关土地、年贡①、村政、经济形势等多个领域的记录，其中有一篇是关于这年江户经济概况的通信，列出了当年的各种物价，分别是：小判一两的价值等于铜钱三贯九百二十五文，兑换金一两的手续费是银四分，而金一两能兑换银五十六匁、新米六斗八升、陈米六斗一至二升、大石一石六斗……（「内垣平三郎書状」）。

看起来三种货币（金、银、铜钱）的行情大体已经以元禄通货的形式稳定下来，但米价相当高。这封信中将原因归结为津轻地区的歉收，受其影响各种商品价格均有上涨。

这种情况不仅见于个人的、局部地区的观察记录，事实上灾害已扩大到全国。例如，据《三货图汇》记载，“今年（元禄十五年）七八月份，九州、四国及播州、石

① 每年向土地领主交纳的租税。

州（石见国，现岛根县西部）还有北越、奥州一线发生洪水，农田受损严重”（「物価の部」卷五）。

洪水与歉收同等程度地袭击了播州和米泽。在日本灾害史上，元禄十五年的冬天也许是一个值得大书特书的季节。忠臣藏事件的最后一幕便与这一特别的时期重合在了一起。

江户也未能幸免。在中泽弁次郎于昭和七年（1932）作序的经典力作《日本米价变动史》第二编《米价史年表》中，元禄十五年的表中“相关史料及当时的社会形势”一栏里这样写道：

> 发布降低物价令及限制酿酒令（五分之一的酿酒量）。
>
> 是年北海道松前一带饥馑，因去年歉收，关东地区饿殍满地，官府令稻叶丹波守（正往，老中）前往赈灾，并防止农村人口在江户长期逗留。

据说在关东地区，饿死者的尸体在路旁随处可见。

警备是需要银子的

太宰春台的《经济录》中也有这样一段文字：“元禄十四年冬，江户内亦有众多百姓为饥饿所苦，以致有饿死在道旁者。纲吉将军命官员在本所搭建粥棚施粥，每日以数十石米煮粥施予饥民，持续百日以上。”

本所既是新开辟的旗本住宅区，又紧邻町人居住区，与后者只有一路之隔，因而人口结构复杂。同时又因地处城市边缘，东北和关东的农村遭受荒灾后，灾民为躲饥荒，大量拥入此地。幕府特地在这一带设置赈灾棚屋，也是因为考虑到本所的特殊性。

另外，这一地区直至享保四年（1719）都设有本所奉行进行管辖，但在元禄十五年九月，老中发布“备忘”指示：“本所竖川大街（吉良府的南边与此街平行）、横川大街及周边街区，今后应由町奉行和勘定奉行分别负责管理。”（『東京市史稿』市街篇第十四所収）也就是说，上野介居住的那一带被划出了本所奉行的管辖范围，这对赤穗浪士们来说或许是个幸运的偶然。

这样一种社会形势所带来的生活上的贫困，日益压迫着潜入江户的赤穗浪士们。他们已经没有什么余力了，若是照这样无限期地将计划拖延下去，就难以维持生计了。

情况对敌方来说也是一样的。

《桑名藩传闻记录》（「桑名藩所伝覚書」『赤穂義人纂書』第二所収）中收录的信件，均为该藩“横目”（密探）的报告。报告中说，无论在本所附近如何暗中调查，也摸不清楚上杉家派到吉良府的卫兵人数。根据传言推断，约有武士四十人、足轻仲间[①]一百八十人。这一推测与吉良府受袭之后由幕府检使调查所得的实际情况相比，多得有些离谱。

足轻仲间全都是从江户当地雇佣的，必须按照时价支付酬金。由于物价昂贵，这笔人员开支也远超意料金额，必须削减人手。而且关键是，一旦到了危急时刻，这帮人并没有豁出命来为吉良家尽忠的义务。

毛利小平太退盟

时机逐渐成熟，只剩下决定实施行动的日期了。报仇全凭时机，一次不成便全都化为泡影，是不可能重来的。

十二月六日有过一次擦肩而过的机会。

义士们起初是打算在这日清晨攻入吉良府的。己方的谍报网探得消息说五日将有茶会。若是吉良府举行茶会的日子，上野介必定在家。但随后又得知五日的茶会取消了。因为那天纲吉预定要驾临柳泽吉保府上，考虑到这点，吉良府决定将茶会延期。因此发动袭击的日子也要变更了。

但这次延期确实也在队伍中引起了不小的波澜。从六

① 仆役长。武士中从事杂役的人，地位在武士和仆人之间。

日到十四日这段待机期间，出现了三个退盟者，他们也是最后的退盟者。

十二月十二日，一直被大家视为内藏助心腹干将的濑尾孙左卫门和矢野伊助两人失踪了。濑尾是大石家的家臣（对浅野家而言是陪臣），在内藏助暂住平间村期间随侍左右，并在内藏助前往江户之后留在平间村打理家中事务。可是他现在突然逃走、去向不明了。矢野是他的足轻，也和他一起消失了。他们的动机和心理都成了谜。但这还不是最糟的，对内藏助打击最大的，是在此前一天毛利小平太的退盟。

据《寺坂信行自记》记载，小平太曾冒充成某大名的男仆，衣冠楚楚地深入吉良府探察，发现府内警备措施并不如风传得那般严密，并将此事报告给了大石。此人便是这般智勇双全。

如此人物竟以明确的口吻提出退盟。这绝对是个沉重的打击。退盟的原因只写着“事非得已”，并起誓决不泄露一星半点至今所了解到的任何情况。事实上，对于一度进展到决定在六日发动袭击的这个复仇计划，所有的人直至最后都守口如瓶。

内藏助也没有表现出任何害怕计划泄露的样子。让人难以置信的是，事实上赤穗浪士的退盟者中竟无一人向幕府告发。

“无声的呐喊”

这是为什么呢？忠臣藏事件与日本历史上其他种种大事件都有所不同，存在某种深深契合日本人心性的东西，故而能够成长为一种或可被称为“国民神话”的“故事”。上述事实也促使我们思考其中的奥秘——忠臣藏传说的特性究竟是什么？

也许元禄时期的民众从这一事件中感到了一种特殊的痛快淋漓，人们感觉到正义是名副其实地在“义士”即赤穗浪士这边的。不错，幕府是御公仪，既是御公仪，便应该体现公义。公义是公众的正义，公权力应该体现的是让天下万民皆能心悦诚服的、公正的、合乎礼法的政治。即使只为体面，将军施政也必须是没有谬误的，但至少在此次内匠头伤人事件的处理上，第五代将军不知是无心之失，还是任性之过，总之犯了个错误。

“喧哗两成败”这个几乎已成为化石的词语又重新活了过来。浅野内匠头的确是考虑不周，所做的行为也是轻率鲁莽的，但作为另一方的吉良上野介因此就不受任何处罚，也是过于“偏颇”了。裁决有失公正。纲吉政权做出的废黜浅野家的裁决，与当时人们的法律常识是完全对立的。说白了，纲吉把舆论变成了自己的敌人。

谁也不会公然批判政府，即使批判，也是“无声的呐喊”，是蜂鸣般危险的嘈杂声，是通过打油诗进行的影射，是人群中的窃窃私语。另一方面，对于隐姓埋名潜入江户的浪士们，人们则报以各种扭曲的心态。有人故意向他们挑衅、讥讽，想要探听出他们的真实意图；有人想方设法接近他们，因自觉帮上了一点忙而洋洋自得；也有人自诩为支持者，自作多情地热血沸腾、摩拳擦掌，不负责任地瞎起哄；最后还有一帮人，因为自己知道袭击计划正在顺利进展并决不泄露这个消息而感到得意。

总而言之，出现了《忠诚后鉴录》（卷三）中所描述的那种情况：“人们都知道这些人在计划着复仇，但感动于其义气，心理上站在他们一边，所以谁也不说出来，而是等到事毕之后才争先恐后地感慨说其实自己知道这件事情。”元禄十五年的冬天，在江户，以本所的吉良府为中心，形成了一片特殊的气压带，那里翻涌着“支持赤穗义士”的气流。

浪士们决定行动了。越是拖延，退出队伍的人就会越多。一个现实的情况是，“那些年纪尚轻的人、无计为生的人，希望早些发动袭击”（「水野家監物、浅野義士御預古文書」）。从这一阶段开始，队伍中所有人关注的焦点都集中到了获取情报、摸清吉良上野介何时必定会在府中这点上。正如堀部弥兵卫所言，突袭不会有第二次，成败全看能否确定上野介在府中的具体日期。

山田宗遍与大高源五

情报战的情况越发紧迫。大石内藏助运用多种途径、通过数条彼此互不关联的人际关系，逐渐收紧了调查网。

一条途径是大高源五。如前所述，他与“江户派”开创者、“蕉门十哲”之一宝井其角有关联，作为俳人，以子叶这一俳号闻名于世。而俳谐与茶道关系密切。源五自称是京都一名叫作胁屋新兵卫的富庶的和服商人，是个嗜好俳谐与茶道的风雅人士，拜入住在本所二之目的茶道师傅山田宗遍门下。宗遍乃千利休之孙千宗旦的高足，是一位出身名门、地位尊贵的茶道师傅，曾购得千利休传下的名器“四方釜”，并自号“四方庵”。他还被允许使用千利休传下的庵号“不审庵”和宗旦的庵号“今日庵”，元禄年间住在江户，创立了宗遍流茶道，常常受邀参加吉良上野介府中的茶会。

大高源五拜入宗遍门下后，日日前往聆听指教，刻苦练习茶艺，取得了长足的进步，这当然是宗遍信任源五的原因之一。但促使他对源五更加深信不疑的重要原因，定然是俳名子叶的源五作为一名俳人经年累月磨砺出的精湛技艺。大高源五不仅是一名认真的俳人，还是一位在任何环境下都能全情投入创作的天生的俳人。

就这样，获得了宗遍信任的源五，曾经从宗遍那里打听到吉良府会在十二月六日举办茶会。但如前所言，茶会后来延期了，令一众浪士十分失望。这次源五又从宗遍那里打听到十二月十四日确定无误将举办忘年茶会[①]，于是立即通知了内藏助。

来自“斋”的情报

另一条渠道是从很早以前就一直“做着某种秘密工作”（『寺坂信行自記』），即秘密支援着他们的大石无人（良总）和大石三平（良谷）父子提供的情报。这二人是内藏助的远房亲戚，大石无人是浪人，三平则供职于津轻家。在毛利小平太潜逃的十二月十一日，堀部安兵卫给大石三平写了一封信，询问六日的茶会延期之后会改到哪一天。因为说不定是明天也说不定是当晚，大伙儿都很焦急。安兵卫请他打听到之后“烦请速速通知我等”（『忠臣藏』第三卷所収），语气十分紧张。

十二月十三日富森助右卫门急忙向大石无人报告：“听说明日吉良府将有来客，但尚不确定。姑且假定斋设法搞到的情报是正确的，今天下午请秘密前往垣见五郎兵卫即大石内藏助所住的旅店。”（同前）次日（十二月十四日）吉良府将有来客这一情报，既通过斋的谍报网传

① 旨在忘记一年辛苦而在岁末举办的茶会。

送了过来，也通过大高源五那条线传到了内藏助这里。但内藏助以近乎偏执的谨慎态度，一遍又一遍地反复多方确认，核查情报的准确度。

这里突然出现的“斋”这个名字，其实准确地说，应该是一名叫作羽仓斋宫的神道家。这便是日后名列“国学四大家”之首的荷田春满（！）年轻时的名字。他是京都伏见稻荷神社的神官之子，原本一直侍奉灵元天皇第五皇子妙法院宫[①]，元禄十三年（1700）三月随敕使大炊御门经光卿前往江户后，便留在了江户，向江户的武士们教授歌学与神道，他的人际关系网足以使他得知吉良府茶会的安排。此人有足够的能力以一名京都朝廷官员的目光冷静地审视将军府伤人事件以来的事态发展，并且对赤穗浪士们的心情也报以同情的态度，这或许是因为他从浪士们的心情中感受到了国学中所说的那种“真情”（まこと）的流露吧。

话说回来，在忠臣藏事件中，无论是荷田春满，还是后面将会讲到的荻生徂徕，这些著名的文化人各以其独特的方式参与其中，使这一事件具有了一种文化史的深度。

在羽仓斋宫十二月十三日当天给大石三平急信的回复中，虽然为迷惑敌人，正文中只写着“关于有无茶会这

① “宫”是日本对皇族特别是亲王家的敬称。

点，在十二月二十日之前难以给您答复”（同前），但在信末的“又及”中传达了明确的信息：“据闻那边的聚会活动是在十四日。”

两条情报完全吻合，实施行动的日子定在了次日即十二月十四日。消息送到了浪士们在江户的每一个秘密住所，四十七名赤穗浪士即将迎来撼动整个大江户的十二月十四日。次日又将是无比漫长的一天。

第七章　攻打吉良府

1　当天夜里下雪了吗

《佐藤条右卫门觉书》

元禄十五年（1702）十二月十四日，从傍晚时分开始，分散在江户各处的赤穗浪士们陆续集结到预定的集合地点——本所林町的堀部安兵卫租屋和本所三之目横町的杉野十平次租屋这两处秘密住所。这两处均距吉良府不远也不近，在距离上正适合将这么多人分成两部分集中起来（参见图3）。竖川将本所地区分为南北两部分，吉良府所在的区域位于竖川的北侧，而两人的租屋则在南侧，不会被直接看到。虽然没有关于四十七人各自分配到何处集中的记录，但大伙儿都顺利集结到了两处租屋中而未引起注意。浪士们在安兵卫和十平次住处换好了袭击的装束。

众人的动作和表情都透出一股雀跃，似乎在说终于可以行动了。这也是理所当然，因为这四十七人的生命里只剩下今晚或明日清晨，再也不必为第二天的生活发愁了。

平成二十五年（2013），中央义士会刊行了《赤穗义士袭击记》（『赤穂義士討入り従軍記』）一书，其中也翻刻了原始史料《佐藤条右卫门觉书》。佐藤条右卫门是堀部安兵卫的表弟，在安兵卫的老家——越后新发田藩的诹访壱岐守赖久属下供职，是一名派驻在江户的武士，在安兵卫前往江户前后给予了他多方支持和帮助，在攻打吉良府前后也与之往来密切。而且从他的觉书中可以看到，在袭击的当夜，他也一直与堀部弥兵卫在一起，虽然自己不能踏入吉良府，但对于进入府中的弥兵卫，就像对亲人般在意和担心。

不光佐藤条右卫门是这样，单从觉书就可以看出，有相当多的人都在为赤穗浪士的袭击成功而祈祷，担心他们的安全，为想助他们一臂之力而焦急难耐、坐立不安。

前文曾在堀部安兵卫高田马场血战那段中提到过一位剑术师傅——堀内源左卫门，他听说决战在即，按捺不住激动的心情，前往弥兵卫家中拜访。另外，参与修改浪士们的《讨伐宣言》（「討ち入り口上書」）的儒士细井广泽也在浪士们冲进吉良府之后，假作有事的样子驻足吉良府门前。虽然不能说四十七位义士人人都得到了这种像“私人后援团”一样的支持，但肯定也不止上述之人受到了亲朋的关心和帮助，所以赤穗四十七士绝不是孤立无援的。

小野寺十内的记录

十二月十四日下午，条右卫门去米泽町（两国桥西侧）的弥兵卫家中拜访，被秘密告知袭击定在次日拂晓进行。他还见到了正巧刚从大石内藏助处回来的安兵卫，安兵卫说想要联系同住在林町那个旅馆的人，条右卫门便自告奋勇替他送信过去。到了林町，恰巧赤埴源藏和奥田孙太夫也在，条右卫门与这二人是初次见面，互相打了招呼，然后顺带着又去杉野十平次家中送了信。

从薄暮时分开始，浪士们陆续从各处聚集到弥兵卫家中，他们分别是：大石内藏助、大石主税、原惣右卫门、吉田忠左卫门、小野寺十内、潮田又之丞、近松勘六、大石濑左卫门、菅谷半之丞、不破数右卫门、仓桥传助、杉野十平次、间濑久太夫、吉田泽右卫门、寺坂吉右卫门。大家来了之后，上到二楼，开始商讨各种细节，说着说着就变成了喝酒谈笑。众人兴致高涨，不知不觉到了四刻半（晚上十一时左右），一行人下了楼，三三两两前往本所。他们已经约好，听到九刻（半夜零点）的钟声，便到本所预定的地点集合。

到了约定好的七刻（凌晨四时左右），条右卫门与弥兵卫一道出了家门。弥兵卫因年老体衰，再加上腿上长了疖子，行走困难，好不容易过了两国桥，来到大伙儿约定的最后集合地点——神崎与五郎店中（本所二之目相生町三丁目）——时，只看到满屋狼藉，却一个人也没有。原来大家都已前往吉良府了。

小野寺十内的书简中记述了浪士们向吉良府进发的情景，这一段描写十分有名：

> 七刻多（凌晨四时多）出发，向吉良府前进。其间路程十二三町（约 1.3 公里）。昨日降下的积雪上，凝了一层凌晨的寒霜，踩上去沙沙作响，令人神清气爽。为不惊动旁人，浪士们未打灯笼，也未点松明，但拂晓的月光十分皎洁，是不可能走错路的。众人来到敌人宅子所在的路口（本所松坂町）后，分成东西两路各二十三人，分别从屋顶攻入。
>
> （『忠臣藏』第三卷所收）

这一幕十分戏剧化的场景，后来被人们进行了种种加工，其中最大的一个当属给夜袭加上了一个细雪霏霏的背景。在据传为宝井其角所写的一封信（伪作）中，记录了这样一幕：其角应邀前往本所的风雅旗本土屋主税（俳号都文公）府上——在吉良府隔壁——参加俳会，当夜便宿在其府中。次日即十二月十四日凌晨时分，听得有人猛烈敲门，开门一看却是大高源五。

其中描写当时的场景是“庭中松杉皆覆白雪”。更有甚者，有一异本还加上了“恰在此时，大雪纷纷落下，地面一片洁白，别有一番风致”（着重号为引用者所加）这样的字句，怎么看都是雪下得正紧的感觉。

白雪映皎月

武装政变的狂热爱好者三岛由纪夫曾在一篇随笔中说过，从美学背景来看，在日本史上的三大恐怖袭击活动中，雪景都是不可或缺的。其一是忠臣藏发动袭击的那个夜晚；其二是安政七年（1860）的樱田门外之变，幕府大老井伊直弼被暗杀的那个早上；其三当然是昭和十一年（1936）的“二二六事件”①。如此说来纯白与鲜红的对比的确很美。

但事实上，十二月十四日那天凌晨江户并未下雪。在护持院②开山祖师隆光的日记中，关于两日前的十二月十二日有“昨夜始降雪”（『隆光僧正日記』第二）一句，可见雪是从十一日夜间开始下的。这雪一直下到十三日，

① 旧日本陆军皇道派青年军官发动的政变，多名政要遭到暗杀，虽后来遭到镇压，但增强了军国主义分子对政府决策的影响力。

② 东京一所真言宗寺院。

到十四日早上时已经停了。以下两首绝命诗中所吟咏的雪景也证明了这一点：

雪霁之清晨　终得遂愿神气爽

（雪晴れて思ひを遂ぐる朝かな）

白雪为君积　今朝山风又吹散

（君がため思ひぞ積もる白雪を

散らすは今朝の峯の松風）

前一首俳句据信为堀部弥兵卫所作，后一首和歌是吉田忠左卫门所作（『寺坂信行自記』）。总之，"十四日天气严寒，但十分晴朗，十三日降下的雪仍厚厚地积着，世界一片银白"（渡边也祐『正史赤穗義士』）。

参加袭击的四十七人整好队伍后，应该是沿着竖川南岸西行的，过了二之目桥，在松坂町三丁目附近平均分成两队。

之前引用的那封小野寺十内的信中描述说，凌晨的月光明晃晃地照在凝了一层霜的积雪上，这究竟是不是实际的景色呢？

元禄十五年十二月十五日换算成公历是 1703 年 1 月 31 日。虽然两种历法有一个半月的时间差，但月龄是按阴历计算的，这一点并无改变，所以这天晚上应当是接近满月的月相。月亮处于这个月龄时，在夜半过后升得最高，天快亮时则会西斜，所以在向西行进的浪士们看来，月亮正是从前方的天空中皎洁地照过来的（参见图3）。

得益于月光与积雪的反射光这一绝妙的组合，浪士们完全不需要灯笼和松明等人工照明。当然，据《寺坂信行自记》记载，浪士们也备好了人手一只的小火把，但户外并不需要使用这种东西。一行人像要去火场救火一般的装束也并未招致太多怀疑的目光，顺利地来到了目的地吉良府附近。

2　上野介在何处

吉良府有多大

那么浪士们杀入的吉良府有多大呢？

对此有种种说法，其中三田村鸢鱼的观点比较可信，他在《元禄快举别录》中引用幕末国学家兼考据家山崎美成的《赤穗义士传一夕话》，认为吉良府“临街处长七十四间（约130米），西宽三十五间（约63米），东宽三十四间一尺（约62米），占地二千五百五十九坪（约8460平方米）”。这些数字也与第六章中引用的《东京市史稿》街道篇第十四章的数字大体一致。“临街处长七十四间”大概是指吉良府南面朝向道路的一侧的长度吧？东边和西边长度不同，是因为江户时代的拼接地图[①]一般会将各处宅邸表示为长方形或长条形状，实际上多少有些误差。

吉良府正门所在的东侧对着旗本鸟居久太夫和牧野一学的宅邸，北侧则与土屋主税、本多孙太郎的宅子只隔一道围墙。南侧是一排町屋[②]，西侧有个后门，往西过一条路便是回向院，再往西便是横跨隅田川的两国桥了（参见图3、图6）。东、西、南三面基本都是两层的长屋，是负责警卫的家臣平时的居住区。的确，吉良府的大小从外部侦查便可大致掌握，但府内的布局和整座宅子的防御设施则是另一码事了。

流传到现在的吉良府平面图大致有以下三种：

（1）《浅吉一乱记》收录的简略图（『赤穂義人纂書』第一）

（2）《赤穗义士史料》中卷收录的相当详细的平面图（东京大学史料编纂所藏）

（3）赤穗市史编纂室版《忠臣藏》资料之一《吉良本所屋敷图》

本书所展示的地图基于其中的（2）绘制（参见图6）。

---

① 以同样的规格和比例尺按区划制作的地图，能够与邻接地区的地图拼接在一起使用。

② 商铺、商家集中处。

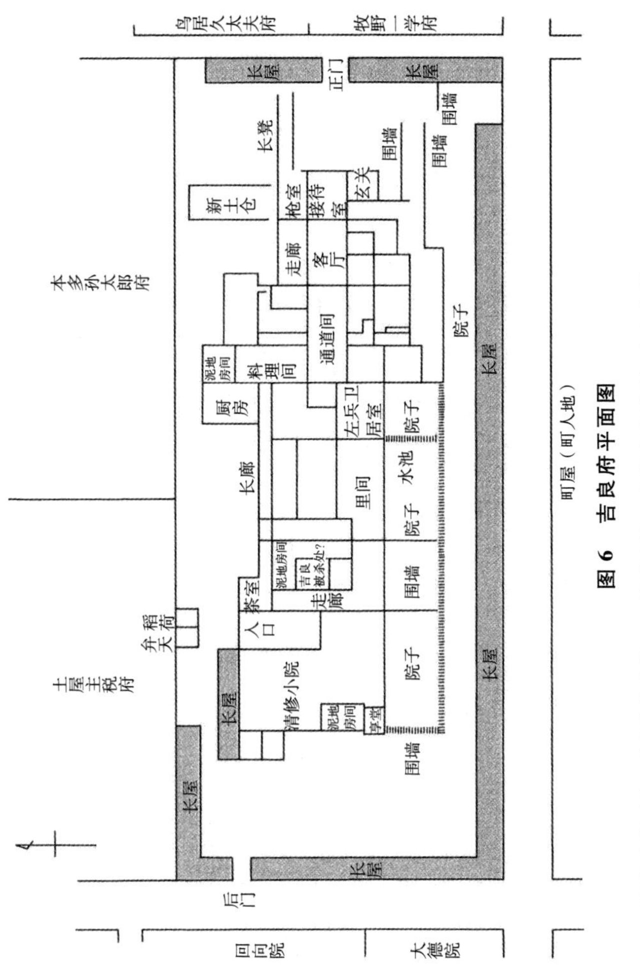

图6　吉良府平面图

资料来源：野口武彦『忠臣蔵——赤穗事件・史実の肉声』ちくま文庫。

按计划行事

一行人在吉良府前的道路上集合后，按照事先的安排分成了正门组和后门组两队。

【正门组】

● 正门内

大石内藏助良雄　　四十四岁

原惣右卫门元辰　　五十五岁

间濑久太夫正明　　六十二岁

堀部弥兵卫金丸　　七十六岁

村松喜兵卫秀直　　六十一岁

贝贺弥左卫门友信　　五十三岁

● 屋内

片冈源五右卫门高房　　三十六岁

富森助右卫门正因　　三十三岁

武林唯七隆重　　三十二岁

奥田孙太夫重盛　　五十六岁

矢田五郎右卫门助武　　二十八岁

胜田新左卫门武尧　　二十三岁

吉田泽右卫门兼定　　二十八岁

冈岛八十右卫门常树　三十七岁

小野寺幸右卫门秀富　二十七岁

● 院内

早水藤左卫门满尧　　三十九岁

神崎与五郎则休　　　三十七岁

矢头右卫门七教兼　　十七岁

大高源五忠雄　　　　三十一岁

近松勘六行重　　　　三十三岁

间十次郎光兴　　　　二十五岁

冈野金右卫门包秀　　二十三岁

横川勘平宗利　　　　三十六岁

【后门组】

● 后门内

大石主税良金　　　　十五岁

吉田忠左卫门兼亮　　六十二岁

小野寺十内秀和　　　六十岁

间喜兵卫光延　　　　六十八岁

● 屋内

矶贝十郎左卫门正久　二十四岁

堀部安兵卫武庸	三十三岁
仓桥传助武幸	三十三岁
杉野十平次次房	二十七岁
赤埴源藏重贤	三十四岁
三村次郎左卫门包常	三十六岁
菅谷半之丞政利	四十三岁
大石濑左卫门信清	二十六岁
村松三太夫高直	二十六岁
寺坂吉右卫门信行	三十八岁

● 院内

潮田又之丞高教	三十四岁
中村勘助正辰	四十四岁
奥田贞右卫门行高	二十五岁
间濑孙九郎正辰	二十二岁
千马三郎兵卫光忠	五十岁
茅野和助常成	三十六岁
间新六光风	二十三岁
木村冈右卫门贞行	四十五岁
不破数右卫门正种	三十三岁
前原伊助宗房	三十九岁

根据《江赤见闻记》第四卷的记载，如上所示，前门组和后门组又进一步按照不同职能各分成三组。浪士们的年龄出自福本日南的《元禄快举录》。各职能大体上可以这样划分：“门内”是主将和因为年事较高而被安排充当指挥的人，“屋内”是冲进吉良府房间内部作战的成员，“院内”是守在屋外，负责抓住从屋内逃出和溜走的成员。

却说一行人在吉良府前的十字路口分成东西两队，各自杀向自己负责的地方。

一般来说，战斗当事人有个特点，就是只能看到自己身边的情况，每个人的视野中只有局部，关于战斗的记忆全都是零碎的、片段的，若非从某个第三者的视角来观察，则很难复原局部战斗的场面，更不必说整体的战斗过程。在日本历史上这个少有的和平年代发生的这场集体作战，交织了种种要素，既有原本的暴力性、悲剧性，又有幽默滑稽的场面，使得短短数小时的场景变成一出内容丰富的大戏。

冲啊！

首先，进攻前门的人中有性急冲动的大高源五和间十次郎。他们灵机一动，借用了吉良府前的町屋为防备火灾而常备着的梯子，架在吉良府前门旁边的长屋围墙上，三下五除二爬了上去，越过屋顶一马当先跳入府内（『江赤見聞記』卷四）。接下来是吉田泽右卫门，然后是冈岛八十右卫门，三人果断制住了守门人。

年轻人行动敏捷，但年纪大的成员就不是那么灵便了，据《佐藤条右卫门觉书》记载，条右卫门将年迈的堀部弥兵卫送到吉良府正门前时，看到转角的辻番小屋里聚集了六七名附近町人模样的人，可是他们一靠近，这些人就都躲到小屋和附近的房子里去了。对面的牧野一学府也走出两三个人在门口查看情况。可是吉良府却毫无动静，任凭弥兵卫拔出长枪走近门口，还是大门紧闭，怎么也打不开。

两人无奈地四处打量，突然发现门两旁架着梯子，看来方才有人用过。老人立刻就往上爬，可是手脚颤颤巍巍的，着实让人捏一把汗。条右卫门在下面扶着梯子，另一位侍从托着他的屁股，总算是帮他爬上了屋顶。

“谁？”

有人喝问道。

“堀部弥兵卫。”

先前进入府内的人从里面将他抱了下来。

上面这一幕与《松平隐岐守大人（毛利）监管之事》（『松平隠岐守殿（毛利）御預け一件』）中《关于吉良上野介大人与浅野内匠头大人一事之记录》（「吉良上野介

殿浅野内匠頭殿一条聞書」）的记述也是吻合的。

> 我想第一个冲进去的应该是大高源五和间十次郎。第二个是吉田泽右卫门，第三个是冈岛八十右卫门。其他人也一窝蜂地跳了下去，快得几乎没有间隔。堀部弥兵卫因年事太高，看起来要想跳下去十分困难，于是大高源五就将大刀放到一旁，从屋檐上将他抱了下来。原惣右卫门扭了脚，神崎与五郎踩到融化的雪水，掉下来摔断了右臂，但两人都若无其事地继续战斗。

堀部弥兵卫好像给大家添了不少麻烦。他坚持要参加袭击行动，说要在现场亲眼看着同志们战斗，哪怕是帮大家整理一下散落的工具也好，结果最后被分派的任务是看守大门里面那名被捆得结结实实的守门人。这个守门人在几小时后还为浪士们证实了他们砍下的首级“是吉良上野介本人没错”，正式见证了他们宏愿得偿。弥兵卫这老年人的倔脾气此番倒是给他脸上大大地添了光彩。

浪士们各自的战斗情景

此后，前门的浪士们行动十分迅速，从屋顶刚一跃下便大声自报家门，迅速冲向玄关，踹破房门闯了进去。大厅里睡着三个值夜的人，起来抵挡他们，其中一人被小野寺幸右卫门将大腿齐根砍断，倒地而死。众人随即杀向府内。在此过程中功劳最大的当属幸右卫门，他临走时顺手将大厅里靠墙摆放着的弓箭的弦噼里啪啦全部割断（「小野寺十内書簡」『忠臣蔵』第三卷所収），这样一来吉良那方的弓就无法使用了。他还顺手将枪室里的十四五根长枪都悉数折断了（参见图6）。

后门组的行动也同样敏捷。

冲在前面的三村次郎左卫门挥舞着大木槌，三四下就击破了门扉，大伙儿一拥而入，径直杀向吉良上野介居住的清修小院门口。刚将门击破，里面便跳出一名守卫，被千马三郎兵卫一箭射倒。杉野十平次的身影也活跃在先头部队中。后门右手边的长屋里出来两人进行抵抗，被负责屋外警备的小野寺十内和间喜兵卫用枪刺死。大石濑左卫门看到喜兵卫刺死对方，念了几声“南无阿弥陀佛”。喜兵卫自己心里也不怎么好受，说自己是“老来造孽”。

在此期间，前门的队员已将各处走廊和房间里孤立的反抗力量各个击破，不断向宅子的内部深入，还命令捉到的守卫找出蜡烛在已攻占的各处房间里点上，照得如同白昼，然后逐个房间进行地毯式搜索。

中途有敌人扑上来，大伙就你一刀我一枪地围攻；看到倒在地上动弹不得的，便不去理会，专心一意朝着上野介的卧室攻进。按照大石内藏助的吩咐，大伙儿此时已公然大声喊出了“浅野内匠头家臣为主复仇”的口号。

前门的成员中当然也有负责屋外战斗的成员，便是前述被安排在“院内”的浪士们。他们要对付的对象是外围沿三面排列的长屋内埋伏的警卫。比如冈野金右卫门善使十字枪①，便往新围墙之间留出的小门处杀去——这些围墙是为防备在府内空地上进行以寡敌众的战斗而建造的。他冲到小门处一看，果然不出所料，有人试图反抗，他瞬间将其刺倒在地。

片冈源五右卫门、原惣右卫门、小野寺十内也发挥了作用。北面相邻的土屋主税府听到吉良府中人声嘈杂，十分诧异，家臣们纷纷登上屋顶观看。于是这三人便奔到围墙边，彬彬有礼地跟他们打招呼道：

“我等是在复仇，武士之间应彼此关照，这边的事情还请莫要理会。”

土屋府在围墙那一边挂起了许多灯笼，以示领会。这是表示善意的中立标志。同样与吉良府相邻的牧野一学府、本多孙太郎府也大体是同样的反应。牧野府向官府报告说，“听到吉良府中有人高声喧哗，便派人警戒了一下。后来安静下来，便没再注意”。本多府也报告说，

① 枪尖是十字形的枪，中央有刃，左右各附有镰刀状刃。

“昨夜七刻（凌晨四点半左右）听到有人吵吵嚷嚷，似乎是发生了火灾，过了一阵子又安静下来，之后的情况便不晓得了”（均出自『吉良本所屋敷検使一件』），完全是一副毫不知情的口吻。两府皆以静观为借口采取了不干涉的立场。

卧室已是人去屋空

浪士们比较在意的长屋，本应是警备力量驻扎之处，可是战斗开始后几乎所有人员都躲在屋内闭门不出，无论浪士们如何呼喝挑战，始终紧闭房门不出来。出来抵抗的人也有，但瞬时便被刺倒在地。每间房门口——武家宅邸的长屋不同于町人的分隔长屋——由几名赤穗浪士围守，只要有一点动静，就毫不留情地用短弓射箭进去、用枪刺过去。这样一来，里面的人就是想出也出不来。这是吉良、上杉那方的说辞。长屋被完全制服，守卫们斗志全无。

就这样，在长屋内的众人逐渐被制服的期间，在正屋内，前后门两支队伍在吉良左兵卫内宅与上野介清修小院的交界处会合了。

然而卧室已是人去屋空，上野介跑到哪里去了呢？

这下浪士们也不分是前门组还是后门组了，大家全体总动员，开始在宅内搜寻。一共搜了三遍，房间之间的移门、板门、隔扇等全被敲掉，诺大气派的吉良府变成了一座空宅。从天花板上面到地板下面，甚至连壁橱和衣箱也反复搜寻过了，可就是没有上野介的踪影，众人越发焦急了。

时间在大家的焦虑不安中一点点流逝，外面的天空已开始露出鱼肚白。看着大家垂头丧气的样子，后门组的吉田忠左卫门心中不忍，上前开口道：

“一般清修小院都会建在内宅的后面，所以我仔细查看了一下这附近适合躲藏的地方，发现有个围着芦苇篱笆（用芦苇秆围成的篱笆）的类似厕所的屋子，里面传出人声，那里还没有搜过，去彻底搜一下吧。”（『堀内伝右衛門覚書』）

忠左卫门时年六十二岁，在一众人等中，地位仅次于大石内藏助，相当于副统领，当日是作为大石主税的保护者参与行动的。

3　夙愿得偿

取得首级

忠左卫门的指示是正确的。这个类似厕所的房间在各种记录中多被称为“炭小屋”，位于茶室附近，应该是用于准备茶碗、地炉的木炭之类的地方。其内有半边是泥土地面，未铺地板。

门一被打破，里面就有三人拼命将一些碗、碟、木炭之类的东西扔了过来。战斗双方当然无从得知对方姓甚名谁，不过据上杉家一方的史料记载，这三人大概是须藤与一右卫门、鸟井利右卫门和清水一学（『大熊弥一右衛門見聞書』）。

浪士们向屋里射箭逼他们出来，有两个人挺不住杀了出来，护在上野介身前奋勇抵抗，但最终一个被堀部安兵卫和矢田五郎右卫门干掉，另一个被间十次郎用枪刺倒。(还有一人最终如何，所有记录中均无记载。）那个应该是上野介的人拔出短刀挥舞着冲过来，被武林唯七一刀砍杀。

大家把尸体拖出去一看，是个六十来岁的老人，内衣外面罩着白色窄袖便服，看来应该就是吉良上野介。

可是大家谁也没见过上野介的样貌。他额头上应该是有伤痕的，却被血糊得看不出来。根据背上的旧伤判断，应该就是上野介，于是由间十次郎砍下了他的首级。为慎重起见，又让之前在前门处捉住的那名足轻守卫看了一下，这才确认无疑。

按照事先的约定，几人吹响了“唐人笛”（喇叭），将府内所有伙伴召集到一起。镇守长屋的浪士喊道：“我等已杀死上野介大人，即将撤退，有人出来对阵否?”可是长屋内鸦雀无声。浪士们又向屋内射了几箭以刺激残敌，但所有房间皆无反应。

大石内藏助让每一位在场的浪士都亲眼确认过可恨的上野介的首级之后，让大家戮尸泄愤。上野介无头尸体的胸口上有好多被刀刺穿的伤口（同前）。然后众人按照战场上的规矩欢呼胜利，并在吉良府后门处全体集合、清点人数。结果发现，别说死者，就连重伤者也一个都没有，只有一两人轻伤，损伤真的是微乎其微。这个时候，参与袭击的四十七名浪士还全部都在。

俳人集团成员都在“前门组”

不消说，笔者在第二章中称作“赤穗藩俳人集团”中的那六名成员也在这四十七人中。在“攻打吉良府”（亦即为亡君复仇）这样一个堪称千载难逢的时机再次聚首，六人的心中定然都无比兴奋。这不仅是他们作为武士名扬天下的机会，而且对这些风雅之士来说，也是一次将宏愿得偿的感慨用文字表现出来的难得机会，正所谓盲龟遇浮木、优昙树开花①。

本来这个“赤穗藩俳人集团”的成员中，除当夜挥舞着大长刀大展神威的大高源五之外，其他人并无勇武之

① 盲龟遇浮木，涅槃经中的语句，意为如同百年一度浮出水面的盲龟要钻进漂浮的木头的洞里一样难以实现。优昙花，印度人想象的一种植物，三千年一开花。

名。但想必每个人在前往吉良府时，都做好了赴死的悲壮觉悟，同时在内心深处的某个角落也在祈祷着无论如何都要将永垂不朽的名作留在世间。

巧合的是，这六位俳人全都被分派到了“前门组”。富森助右卫门（春帆）、小野寺幸右卫门（渐之）是“屋内”，冈野金右卫门（放水）、神崎与五郎（竹平）、大高源五（子叶）、间十次郎（如柳）是“院内”。

他们各自留下的俳作的创作时间并非都很明确，有的被认为是预先准备的绝命诗而非现场即席吟咏的，但每首俳作都闪耀着他们作为俳人的个性之光。以下将逐一介绍。

冷静审视的目光

第一是春帆即富森助右卫门。从正门攻入之后，助右卫门好像一直处于进攻的第一线，因为他被分派在“屋内”这组，想来无暇去思考诗句。不过他留下了这样一首俳句：

寒冬之雀鸟　唯有冻死遭撕咬

（寒鳥の身はむしらるる行衛かな）

这首俳句据传是他临行前作为绝命诗题在写了姓名的合符（金色长条诗笺）背后的。当然，预先写好绝命诗，可能会预想到自己战死之后，别人从自己的尸体上发现它并与自己的名字联系在一起的情景。尽管如此，“寒冬之雀鸟”和“遭撕咬”这样一些字眼也太过冷酷，反映了此人在决定复仇之后是以一种相当冷静的目光来审视自己的。

第二是俳号渐之的小野寺幸右卫门，此人也被分派到“屋内”组。正是他活跃在进攻的先头部队中，冲在队伍的最前面奋勇杀敌，把一长排靠墙摆放着的弓箭的弦“噼里啪啦全部割断”（见前揭「小野寺十内書簡」）。

他留下的绝命诗很遗憾不是俳句，而是一首和歌。

今朝已无言之叶　何事露珠仍自凝①

（今朝もはやいふ言の葉もなかりけり

何のためとて露むすぶらん）

为慎重起见，再介绍一首他的俳句（他的俳作只有这一首）：

锦鸡啼声脆　划开秋晨雾笼纱

① “言之叶”在日语中是语言、话语之意，此处为双关，“叶”也是“叶片”之意。

（秋霧の引き離しけり矮鶏の声）

第三是放水即冈野金右卫门，他当日把守院内的小门，手挥十字枪将敌人刺翻在地。他留下的俳句是：

以上野介首级祭亡君之墓
其味也清幽　仿如雪原之野梅
（上野君の首を以て亡君の墓に祭る
その匂ひ雪の浅茅の野梅かな）

将祭献于泉岳寺墓前的刚砍下的人头所散发出的腥臭之气，不着痕迹地替换成传递早春气息的野梅的清香，瞧瞧这手法！这便是诗意！

蓦然袭来的心情

第四是神崎与五郎，俳号竹平。此人故事甚多，他曾假扮町人探察吉良府，还曾在途中被马夫纠缠并写下道歉字据，后者后来被编入讲谈故事。此人俳艺高超，被誉为赤穗俳人的三杰之一。他留下许多逸闻趣事，比如袭击当日从前门屋顶掉下来摔折了胳膊等。

其俳作颇丰，此处摘录的这首，表现出一种总是从眼前的情景中跳脱出来、作为旁观者来观察的心境：

银河贯中天　吾之星辰偷眼看

（余の星はよそ目づかひや天の川）

无数的星星都在装作漠不关心的样子偷眼看着别人，位于中心位置的银河中耀眼的星星们却只是泰然自若地俾睨着周围的一切。

第五是俳人集团中居于领袖地位的子叶，即大高源五。其俳作数量当然也远超众人。此处只引其中特别著名的一首：

义举达成，撤离途中于酒馆

大雪压青松　纵可裂山亦摧折

（義挙引き揚げの途中酒屋にて

山を裂く力も折れて松の雪）

这首俳句是在即将发动袭击之际题在金色诗笺背后的，也是一首著名的绝命诗。

一般认为，这首俳句暗示了松树在积雪的重压之下顽强忍耐、坚韧不拔的精神。但如果换个角度来看的话，似乎也可理解为，它表现出大高源五在复仇这一目标达成之后蓦然感受到的一种虚脱感。

可以说，大高源五至少不是个只会恃武逞勇的莽夫。

他也许体会到了正是在这样的时刻才会从心底涌起的人性的悲哀吧。

消失、离去

第六是如柳，即二十五岁的间十次郎。

他就是那名在前门处与大高源五争着第一个翻墙进院，并且第一个刺向吉良上野介、砍下其首级的年轻武士。

夜袭吉良府，从房顶跃入时
如霰自天降　轻盈弹跳倏忽消
（夜討の節吉良宅の屋根より飛び入りし時
飛びこんではづんで消ゆる霰かな）

此句所表现出的达观爽快，不愧是尚不知逡巡为何物的年轻武士所特有的心境。总体而言，参与袭击的赤穗浪士们都把生命看得很淡，况且这些俳作原本也可视为绝命诗，所以自然不会在其中流露出对生的执着。但间十次郎的这首俳句确实能使人感觉到一种更加超然的、自然流露的、对危险毫不在意的心情。

而这种达观，除以上介绍的六人之外，在茅野和助常成（后门组）下面这首俳句中也是一脉相通的：

十四夜自吉良氏屋顶跃入时

世界与生命　来自原野逝于野

（十四日夜、吉良氏の屋根より飛び入る

時世や命野中で消ゆる世や命）

茅野和助出自桑冈贞佐（其角的弟子）门下，俳名“秃峰”，作为其绝命诗流传后世的俳句如下：

英魂西去也　恰似纸鸢趁东风

（その魂や風にはなるる凧巾）

这首俳句中所表现出的冷眼旁观的感觉，在根本上与前述诗作也是相通的。

怎么会是这样

风雅之道也必须合乎“物哀”①、“武士之道”② 这样一些有时具有微妙的双重意义的、人类感情中的细小涟漪。

当然，每一名赤穗浪士都是不同的个体，对于复仇成功

① 幽情。既优雅细腻又深沉厚重的感情，日本古典文艺的美的理念之一。

② 锄强扶弱。

的感觉也会各自不同，其中也会有人因为宏愿达成得出乎意料地顺利而体味到一种快乐到极致后类似“悲哀”的心情吧。

笔者从大石内藏助于翌年即元禄十六年二月二日在监禁他的细川家中写给细川广泽的信中，也感受到了这种人性的厚重——不过并非风雅之类：

那夜与同志们共同谋划，攻入上野介府中，斩杀抵抗的家臣，如愿杀死了上野介大人。首级拿到泉岳寺，呈于亡君墓前给死去的主君亲眼看过，驱散了自去年春天以来的郁愤。想必您也感受到了我等的狂喜，内心甚是满意吧。只是当时，上杉的人手却未来攻打我等，以至短弓及其他用于防御大敌的武器全都未派上用场，令人深感可笑，故作俳一首：

冬日逢阵雨　却未如期透重衣

（覚悟したほどには濡れぬ時雨かな）

然后便让吉田忠左卫门、富森助右卫门二人去仙石伯耆[①]守（久尚）大人府上自首了。

① 伯耆为今鸟取县西部。

此处的“可笑”这一心情单单只是扫兴吗？恐怕不是。这不单单是一种感到意外的心情，还让人觉得内藏助对上杉家未奔赴吉良府予以支援感到了深深的失望。

怎么会是这样?!

攻打吉良府的整个过程几乎就要获得完美的成功，最后的结尾却这样平静，有种从根本上让人无法接受的感觉。虽说上野介的首级是用绸布包着的，但已光明正大地挂在枪尖上了，不管怎样，上杉家应该来抢回去才合乎道理嘛！

第八章　元禄的终结

1　战斗结束，天亮了

撤退

且说这之后，一众赤穗浪士前往泉岳寺。但他们离开吉良府的准确时间难以确定。浪士们自己只记得当时“天尚未明透”（『冨森助右衛門筆記』），上杉家一方也说“那时天色微明”（『野本忠左衛門見聞書』）。可见连当事者本人对时间的记忆也不确定，只有一个共同的印象，那就是大致在天色开始亮起来的时候。

大石内藏助撤退计划的第一步是将全体人员集中到回向院休息，并打算在此处迎战预想中上杉家的袭击。不料回向院的住持却以寺规为借口强硬地拒绝了他们，说是

“从暮六刻至明六刻（傍晚六时至早上六时左右）”任何人都不得进出寺院。不管浪士们如何再三恳求，住持还是以同样的理由拒绝。寺院方已经被吉良府发生的事情吓破胆了。这件事情作为一个旁证，证明了袭击是在“明六刻”前结束的。

众人无奈，只得在两国桥东端尽头处的空地上集结起来，做好了迎接上杉家追击的准备。可是对方毫无动静。此时上杉家的樱田藩邸正在发生着如下事情。

两小时的时差关乎名誉

第一个来向米泽藩上杉家的樱田上官邸（现法曹会馆一带）报告事件消息的，是本所一个卖豆腐的。这名男子大老远地跑来，累得上气不接下气，在门外大声喊道：

“现在吉良府出大事了，昨晚八刻半（凌晨三时左右），浅野内匠头的家臣一百五十人左右夜袭吉良左兵卫府，杀进去了！特向您报告此事！”

说完门也没进就走了（『大熊弥一右衛門見聞書』）。

大致与此同时，吉良家的一名足轻拼命逃出了修罗场，好不容易来到上杉藩邸，也扔下同样的话就跑了。这名足轻名叫丸山清左卫门，是从被赤穗浪士们围住的长屋里侧拼命击破墙壁逃脱出来的四人之一。据说丸山清左卫门报告完此事后便逃往他乡了（米沢藩編年文書『本所敵討』）。

关于第一道消息送来的时间，上杉家的记录中有两种不同的记载。《大熊弥一右卫门见闻书》上写着“七刻半”（凌晨五点左右），《野本忠左卫门见闻书》上则写着“朝六刻前”（早上六点左右）。虽说只是一个小时左右的差距，但这一时间差为我们了解上杉家对事件的反应提供了相当多的线索。

关于赤穗浪士攻打吉良府的时间，上杉家这方的史料记载有个特点，那便是像对好了口供一般，都把这个时间提前了。多数是“八刻”（凌晨二时左右），最晚的也是“八刻半”（凌晨三时左右）。更有甚者，《米泽盐井家觉书》中竟记载着“听说是十四日夜八刻多、七刻半多”。日期姑且不论，具体的时间也实在是过于宽泛了。

当然，毕竟吉良府众人是在熟睡中遭遇袭击，所以若是推脱说无法判断准确的时刻，也情有可原。但在后述章节中我们将会看到，在接受幕府检使调查时，基本上所有住在吉良府的人全都众口一词地坚持说是“八刻”前后，从这点来看，难免使人觉得有某种作伪的成分。

一个时辰，即两小时的时间差，是关系到武士家族名誉的大问题。上杉家之所以坚持这样说，毫无疑问是受到这样一种心理作用：想尽可能地把吉良府这方抵抗敌人的时间说得久一些。

另一方面，赤穗浪士们的供述则始终都是“七刻”。与吉良府一墙之隔的土屋主税府提交给幕府的情况说明中也明确写着“昨夜近七刻”，本多孙太郎府写的是“昨夜七刻前后”，牧野一学写的是“昨夜七刻”。当然，这三位旗本的情况说明是各自分别递交的。

野本忠左卫门目击的情景

野本忠左卫门得知事态凶险，便要立即赶往吉良府，却被上级拦住，说他今日另有当值。忠左卫门急道“如此紧急时刻，还顾得上什么当值不当值”，上级却坚持说那也得先请示主君。于是忠左卫门便去请示，可等了一阵也没有回复，便自作主张赶往吉良府。另外也有些他的同僚相继采取了同样的行动。忠左卫门从后门进入吉良府时看到的是一副惨不忍睹的情景。

吉良左兵卫浑身瘫软地躺在上野介清修小院的卧室里，一名家臣陪在他身旁。一问情况，说是并无生命危险，忠左卫门姑且放下一颗心。但长廊上溅满了鲜血，伤者死者满地都是，其惨状非笔墨可以形容。从正门到客厅，枪、钺、臂铠、大木槌等散落了一地。

死者中有几人是忠左卫门认识的。那个倒在地上、两脚浸在清修小院内院水池中的，不是鸟井利右卫门吗？脸朝下趴在清修小院用膳处的是山吉新八（后来知道是误认），还有身上插着好几把刀、被捅得像筛子一样战死在书斋前走廊上的须藤与一右卫门。还有，上野介大人的遗体，竟然没有头！

所谓肝肠寸断的感觉就是这样吧。但现在可不是萎靡消沉的时候，现在正需要保持精气神儿来应对即将到来的幕府检使们的调查。不仅如此，哪怕是掩盖事实，也要保住自上杉谦信以来始终以尚武著称的名门望族上杉家的体面。忠左卫门有这样做的责任和义务，也有这样做的意愿。

比如说，一定要说上野介在被砍掉脑袋之前“一直在奋勇抵抗”，还要慷慨激昂地说他将对方也伤得很重；而左兵卫也挥舞着长刀英勇回击，将对方刺伤，但自己额头、胁下、后背也多处负伤昏了过去，过了片刻苏醒过来后，因担心老太爷上野介的安危，再次冲了出去，一看老太爷已被杀害，这才顿时泄了气，一下子瘫倒在老太爷的卧房里了。这样写了之后还要再加上一句感想：“其英勇战斗的精神着实令人感佩。”

乱刀刺死

赤穗浪士这方与左兵卫交锋的，偏巧是不破数右卫门。不破数右卫门可是武艺高强之人，甚至曾有传闻说他喜欢在街上杀人试刀，这日更是大展神威，以至于原惣右卫门在其所谓的《袭击实况报告书》（「討入実況報告書」，元禄十五年十二月二十四日致寺井玄溪书简）中特别写道："最神勇的当属不破数右卫门。"左兵卫根本不是他的对手，虽然还是勇敢地举刀迎战，但三两下就被打发了。在数右卫门本人写给其生父佐仓新助的信中叙述了战斗的过程：

> 我本被安排镇守屋外，但实在忍不住便冲进屋内，干掉了两个人，一直冲到左兵卫大人和一名家老躲着的房间。左兵卫大人用长刀、另一个人用大刀与我交战。后来左兵卫大人负伤逃了出去。因事先已经说好若是左兵卫大人逃跑就随他去，便没有再追。
>
> 我以为另外那人定是上野介大人，便使出浑身解数将他杀死，谁知竟是搞错了人（姓名不详）。对方两人武艺都很高强，那位家老尤其是一把好手，我的衣服和臂铠等也被砍中两三处，所幸穿着护甲（锁子甲①），所以毫发无伤。
>
> （日期不详，收录于『忠臣蔵』第三卷）

---

① 在麻布单衣上缀满细铁链的战服，衬在铠甲和衣服里。出现于日本战国时代。

信件末尾对上野介临终的情景进行了极为客观的、不带丝毫感情色彩的描述：“上野介未做抵抗。武林唯七、间十次郎等一拥而上，你一刀我一剑地将他乱刀刺死。上野介在炭房的泥巴地上被斩杀了。”这种冷漠至极的口吻使人感觉他唯一感兴趣的便是斩杀对方这件事情本身。

在以武力决定胜负的战斗现场，不破数右卫门这类人便会生龙活虎。这种人毫无疑问是十分有能力的。没有灯光的吉良府从外面看是一片漆黑、鸦雀无声，也不知哪里会藏着怎样的人，只让人觉得毛骨悚然。杀入屋内时，年轻武士们到底还是胆怯了，“不敌对方的也有，反应迟钝的也有，被我呵斥着，陆续进了屋内”（同前）。可见有很多人踌躇不前，被数右卫门从后呵斥着才硬着头皮冲进去。在这样一种状态下，数右卫门的沉着干练很好地振奋了士气。

虽然恨他们的窝囊

但总体而言，吉良这方似乎未做应战的准备。进攻的浪士们将吉良府的大部分人员封锁在长屋内。吉良方的人如果敢出来，就或被箭射，或被枪刺，或被刀砍，想出也出不去。而且浪士们全都穿着护甲，砍也砍不穿。守卫穿着常服完全不是对手。

> 起初以为是失火，后来才知道是复仇，所以虽有夜色掩盖，但准备应战还是颇花了一番功夫。不过每个人都十分英勇地与敌人奋战，所以对方似乎也有多人重伤。取上野介大人的首级时，他们大声自报名号并欢呼胜利，让我仿佛看到了项羽的军队。这是近年来绝无仅有的大壮举，能够在日本目睹这样的壮举，实在是令我非常非常震惊。
>
> （『野本忠左衛門見聞書』，
>
> 着重号为引用者所加）

一方面，野本忠左卫门虽然对米泽武士们的不中用感到窝火，但还是不得不强调他们的英勇；另一方面，他心中却暗暗佩服对方的手腕，几乎是在发出赞叹。尽管心中恨得咬牙切齿，却还是对对方的本事表示钦佩，真是一种痛苦的诚实。

2　十二月十五日的攻守

幕府目付的实地调查

十二月十五日“八刻多”（下午二时左右），幕府的两位目付阿部式部、杉田五左卫门到了吉良府。此时从这里撤离的义士们已在高轮泉岳寺进行休整了。目付们首先清点尸体，结果是吉良家这方的死者除上野介外共计十六名。据《检使察验吉良本所府邸之事》（『吉良本所屋敷検使一件』）记载，死者的具体情况如下：

南面长屋仆役小屋	家老	小林平八郎
客厅的院子里	用人	鸟居理右卫门
厨房口	中小姓	大须贺治部右卫门
厨房	同上	清水一学
内客厅	左兵卫用人	须藤与市右卫门
玄关	中小姓	新贝弥七郎
厨房	仆役	小堺源次郎
祐笔[①]小屋	同上	铃木元右卫门
小屋出口	同上	笠原长太郎
厨房	同上	榊原平右卫门
小玄关口	中小姓	左右田孙八郎
同上	左兵卫的司茶人	鲈松竹
马厩前	司茶人	牧野春斋
玄关前	厨房男工	森半右卫门
小屋口	小姓	斋藤清右卫门
小玄关前	仆役长	权十郎

① 文书、秘书。

具体情况如上所述，但实际上要准确地确定场所是很困难的，因为吉良府简直像被台风扫过了一样，门窗格扇都被赤穗浪士们在彻底的破坏性搜查中毁坏得一塌糊涂，在幕府的检使看来，根本就分不出哪里是客厅哪里是走廊了。

越来越被动

但有一点事实十分明了：吉良那方的死者分布很平均。也就是说，赤穗浪士们在吉良府内并非毫无章法地乱打一通。

第一批死者是浪士们突破前后两道门时，因抵抗而被杀或被失手杀死的人。从长屋冲出来加入战斗的人（长屋守卫）也在其中。

第二批是浪士门进入屋内时，在前后两处拼命抵挡的人。

第三批是浪士们即将攻入核心部位时，为争取时间掩护上野介，挺身而出守在上野介身边直至最后的近侍们。

这一事实反过来也说明了在赤穗浪士们的进攻下，吉良方的抵抗如何被逐次击破、一步步变得越来越被动。室内的战斗几乎完全在黑暗中进行，仅有的一点光亮来自手烛[①]。

① 可手持行走的烛台。

敌人从黑暗中突然挥刀砍来，己方根本无暇自报家门，彼此连在跟谁打斗都不知道。

从明亮的月光下猛地冲进屋内的黑暗中时，任谁都会有些胆怯。特别是鸟居理右卫门身手了得，“屋内”组的年轻浪士被打得毫无还手之力。实战经验丰富的堀部安兵卫看得心焦，大喊道：“大伙儿让开！让开！”亲自上阵。经过一番激战，将对方斩于刀下。据说理右卫门的头颅被劈成了两半。安兵卫在到达泉岳寺之后还惋惜地小声说道：“拜他所赐，刀刃卷得这么厉害。”（『本所敵討』）

前面记录中标明死在厨房的那位清水一学，又名清水一角，是双刀流[①]的高手，但是上杉家的史料轻描淡写地记载着他“稍做抵抗后被杀死”（『大熊弥一右衛門見聞書』）。不过他那日的神勇后来变成一个传说，其手挥双刀奋勇战斗的情景，曾是新国剧[②]武打场面中最精彩的部分。

四十七士中唯一受了重伤的是近松勘六。虽然被斩掉了两根手指，他本人却说不怎么严重，因为对于当天经历了种种惨烈情景的赤穗浪士们来说，掉一两根手指根本不觉得是受伤。勘六的大腿上还有一处很深的剑伤，他

---

① 双手分使一大一小双刀的日本剑道流派。

② 泽田正二郎为建立新型国民戏剧而组织的剧团。1917 年成立，1987 年解散。

与一名不知是谁但武艺相当高强的对手一番打斗之后，将对方逼到了水池中，自己也跳了进去打算杀死对方，却未注意到对方虽然倒了下去，却还把刀竖着举在手中，结果那刀“咔哧”一声深深刺入了他的大腿。到泉岳寺后大伙儿想给他叫医生，他却一直逞能说“用不着”（『義士実録』）。

吉良府的死者有十六人，这是赤穗一方近乎无情地贯彻了战场理性主义的结果。他们的原则是：除失手杀伤属无奈之举外，对于其余人等，“抵抗者杀，无意战斗者放”。

多数人是不抵抗主义？

吉良府的幸存者可分“伤者”和“无事者”两类。伤者的说辞是，无论是长屋守卫还是近侍，只要敢抵抗，立刻就会遭到多人刀剑围攻而负伤，不得已只好退出战斗。到底是失去了战斗能力还是仅为借口，这点难以一概而论，但不管怎样，据幕府的现场调查报告记载，“伤者”为二十余人。

另外，“无事者”也为自己做了辩解。吉良左兵卫的足轻治田作右卫门等七人提交了如下一段说明：

> 昨夜八刻半前后（凌晨三时左右），长屋的屋顶

上有人闹哄哄地叫嚷“着火了”。出去一看，有许多人挥舞着长枪正向府里冲，于是又回到小屋里。可是不久后发现被人从外面将门关上，谁也出不去了，连闯进了多少人都没看见。您再问多少遍，我们也没什么可说的。

（『吉良本所屋敷検使一件』）

若说是不抵抗主义，听起来很冠冕堂皇，但这样一来，其实不就等于在坦承堂堂七个大男人全都被敌人的气势吓破了胆、完全不知所措吗？因为有逃亡者和失踪者，所以当日在吉良府中的人员数目无法准确把握，但从已掌握的数字来看，死者包括吉良上野介在内为十七人，伤者为二十八人（死伤合计四十五人），免于死伤者为一百零一人（『忠臣蔵』第三卷）。可以认为当时府中有一百五十人左右，而其中实际参与战斗的人员仅有三分之一左右。

真是受够了

不仅如此，据前面出现过的《米泽盐井家觉书》记载，一名管理点心和蜡烛的仆役在厨房被夜袭的浪士们抓住了。当被盘问身份时，仆役答道“小的是管理点心、蜡烛的仆役”，结果被威胁道“既然如此，拿出来看看”，于是他浑身发抖地交出了箱子。浪士们把里面的东西取出来，在整个宅子里都点上蜡烛，并且一人抓了一把点心，投入接下来的行动了。

另外，本所宅邸的首席家老斋藤宫内也浑身发抖地从小屋里跑出来，听到浪士们喝问："什么人？砍下他的头来！"于是连忙撒谎道"不不，小的是个用人"，才得以逃了出去。据说他十分庆幸自己能够逃脱，甚至邀请敌人"请顺便去小人处抽袋烟吧"。

上杉家（米泽系）的记录总体而言对吉良家的人物评价很低，这点着实让人惊讶。但比这点更加显而易见的是上杉家家臣们从夜袭的次日早晨起便不再掩饰的厌战情绪。《大熊弥一右卫门见闻书》中是这样描述的：

> （在十五日幕府检使离开之后，）因为有好事者特地跑到大门前来危言耸听，说浅野家臣余党可能会在夜里打进来，所以大家决定彻夜警戒。真是可笑。当时本所宅邸的惨状如同一座战地军营，伤员躺了满地，大伙儿在一片血污之中吃着干硬的糙米饭，连碗汤水也没有，究竟要去本所执勤到什么时候？太辛苦了。

大家已是满腹牢骚："真是受够了！"

虽然藩主激愤

就这样，当野本忠左卫门、大熊弥一右卫门在本所吉良府吃尽苦头，而赤穗一党跋涉在通往泉岳寺的漫长路途中时，上杉家在做什么呢？优柔寡断、狐疑逡巡、见风使舵——总之，对这个尚武的名门世家来说，这些都不是什么脸上有光的评语。

当然，藩邸刚一接到突生变故的消息，就有很多人主张应立即派遣大批人手前往本所吉良府。可是就在大家还在讨论樱田上官邸和麻布下官邸的两支队伍该怎样会合时，就传来了赤穗一党已撤离本所的消息，而目前所在地点不明。于是便有人主张要慎重，认为如果出动大批人马四处搜寻，可能会搞得整个江户人心惶惶。

因参勤恰巧身在江户的上杉家家主上杉纲宪此时正在病中，听到这个噩耗十分激动，暴跳如雷地下令“立刻调集七手组①中的三组武士、马回中的骑兵及其他士卒，将赤穗一党全部杀光、一个不留”。正在这时来了两人，分别是高家畠山下总守义宁和若年寄本多纪伊守正永。二人说服藩主纲宪和米泽藩的重臣们不要追击，警告他们若是执意追击就会“违背上意”。

---

① 由精锐旗本武士组成的七支部队，总数约一万人。

下总守开口道："情报既然说赤穗一党闯进了泉岳寺，那么上杉家想要大举围攻应该很容易。但若是违背了上意，就会变成上杉主动替吉良出头的情况，最终很有可能会对上杉这个姓氏造成不良的影响。"就在下总守如此这般向上杉家施加压力的时候，目付们也到了泉岳寺。如此一来，上杉家便无法再进一步干预此事，无奈只得保持沉默了。

（「上杉氏の事件対処記録」
『忠臣蔵』第三卷所収）

结果上杉家屈从于幕府的威胁。下总守也许是为了安抚纲宪，甚至口头承诺一定会由幕府出头来处罚赤穗浪士。

恐怕从一开始，米泽藩的重臣们便已决定好要如何收场了。他们完全没打算要赌上整个藩的命运去追击赤穗一党，更不会为吉良家殉葬，使祖祖辈辈侍奉上杉家的家臣们变成浪人。

顺带一提，在《大河原文书》——即前文所引《大熊弥一右卫门见闻书》的出处——中接下来的部分，有这样一段记载：听到紧急报告，"藩公（纲宪）欲亲自出马，江户家老色部又四郎安长虽年纪尚轻却甚识大体，拼命劝阻了他"。可见对于此事，米泽藩的态度是冷静的，与藩主的激愤完全相反。

此时，在泉岳寺

但是有传说让世人对上杉家的武士风范深信不疑。人们相信它，更确切地说，是愿意相信它。

在《赤穗史话》中甚至有这样一段多少带有些民间传说性质的记载，说是一位在藩（米泽）的武士，即家老长尾权四郎实在是过于恼火，竟然口不择言道："就算弹正（纲宪）大人是个胆小鬼，那江户家老究竟在干些什么啊？这不是长尾（上杉）家的耻辱吗？我要向御公仪告他们，请求换个主君。"

就在上杉家樱田藩邸的藩士们得出上述结论的大致同一时刻，在泉岳寺内，大石内藏助正在向住持说："上杉（纲宪）大人即便是舍弃米泽的十五万石也一定会亲自出马，因为上野介大人是他的亲生父亲啊。"（『江赤見聞記』卷四）除此之外，泉岳寺僧侣的言辞中也有许多证据，可以证明大石及其手下的人预想着上杉家兵力会来追击，或者不如说是准备迎接其追击的。

十二月十五日"五刻半前后"（上午九时前后），赤穗浪士抵达泉岳寺。他们装束怪异，手握锋利的长枪，枪尖上还挂着个包袱，里面像是吉良上野介的首级。这样一群奇怪的人，四周跟着一群看热闹的群众，一道站在了寺门前。寺院里的人被闹哄哄的围观群众搞得头痛无比，但还是接受了内藏助的请求，让浪士们进了寺内，将上野介的首级供奉到亡君的灵堂前。

寺院里通常禁止饮酒，但住持认为这些人另当别论，于是款待众人喝酒。已是精疲力竭的浪士们爽快接受，痛饮起来。内藏助谢道："您想得太周到了。"旁人只会以为这是"为迎接来自弹正大人（上杉公）的追击所做的准备"。而且内藏助也丝毫没有放松警戒，已吩咐手下"如果听到泉岳寺大门外有马匹及人声喧闹，立即前来报告"。

内藏助下令：如果正门处有喧闹声，那定是弹正大人派来的追兵，所以要先发制人，用强弓射击；箭用完了就以中门为后盾，一对一单打独斗；中门若被攻占，就坚守在内门里面，尽最大能力抵挡。众人领命，便在客殿[①]前的空地上各自专心准备：有舞枪的，有磨刀的，有换草鞋的。大家还喝了寺里提供的粥，然后呼呼大睡，好养足体力（以上均出自『義士実録』）。

从事后看来，会觉得大石内藏助似乎高估了上杉家的斗志，但其实幕府当时的想法也和大石一样：必须尽可能地制止米泽藩的报复行动。幕府之所以突然将四十六人从泉岳寺移送到仙石伯耆守府，也是出于这一考虑。

① 寺院会客的禅房。

大目付仙石伯耆守久尚的宅邸在爱宕下。爱宕下是一片武家住宅区，西起爱宕山，南抵芝增上寺，地段仅次于吉良上野介迁居本所之前所在的吴服桥门内的大名小路，在当时是另一个被称为“大名小路”的地区。大目付职高权重，连监视老中亦在其职权范围之内，所以从规格上来考虑，仙石伯耆守府的确会在爱宕下这样一个有身份感的地区。当然，其周围全是大名宅邸。仙石伯耆守遵照幕府的命令，前往泉岳寺接管众人去了。

寺坂吉右卫门失踪

此时出现了一个棘手的问题。

之前吉田忠左卫门和富森助右卫门两人曾前往仙石府汇报消息，那时报告的人数是四十七人，与后来实际在泉岳寺的人数不符（吉田和富森在仙石府，所以寺中应有四十五人，但实际只有四十四人）。对此大石内藏助的解释是这样的：

> 有一个人逃走了。昨夜到上野介府的时候还在，后来就不见踪影了，不知去了哪里。因此比上报资料中的人数少了一个。
>
> （『義士実録』）

另外《白明话录》中是这样写的：

一个一个重新数了一遍，是四十四人。大家都说不对，应该有四十五人啊。于是又换了种方法，让每个人出列自报姓名，结果发现失踪的是寺坂吉右卫门。最后的结论是："昨晚攻打吉良府时吉右卫门是一起进的门，和大伙儿在一起，现在怎会不见了呢?"

浪士们在此之前也完全没有注意到寺坂吉右卫门的失踪。总之吉右卫门消失了。到哪里去了呢？这成了忠臣藏的谜团之一，至今真相不明。

似有隐情

关于赤浪士们袭击成功之后的情况，有一部史料常常被引用，那便是《堀内传右卫门觉书》。传右卫门乃熊本藩主细川越中守纲利的家臣，负责照管由细川家监管的大石内藏助、吉田忠左卫门、富森助右卫门等十七人。此人宽厚淳朴，被监管的浪士们看起来也很信任他，与他谈了许多有趣的事情，寺坂吉右卫门的事情也是话题之一。

有一次，当传右卫门将一则传言——寺坂平安回到故乡，现在仍健康地活着——说给吉田忠左卫门听时，对方立即面露不悦之色。

> 此人太不像话，请莫要在我面前再提这个名字。所有人都说他当晚是与大伙儿在一起的，后来却中途逃跑了。事到如今竟说什么平安无事地活着啦、被派回老家传递报仇成功的消息去了之类的话，实在是令人难以理解。我想他是真的逃走了。

传右卫门沉默了。从对方激动的语气中，他觉察到似有隐情，让他不好再问下去了。

寺坂吉右卫门是吉田忠左卫门麾下的足轻，所以他若是在最后关头逃跑了，的确会让忠左卫门觉得脸上无光。也可以认为忠左卫门是因此而生气，但原因似乎不止于此。传右卫门有种直觉，此事定有隐情。

现在仍是个谜

另外，还有份叫作《富森助右卫门笔记》的文书，条理清晰地概述了从袭击吉良府到撤退之间的过程。此处所要引用的只是下面这一小节，即关于撤离吉良府时浪士们采取行动的部分：

> 将全体人员召集到后门内侧，按照名单逐个点

名。确认参加袭击的人员已全体到齐后，从后门撤了出去。

这姑且称作第一次点名吧。这次点名是战斗后必须要做的事情，目的在于确认有无人员失踪（比如因重伤动弹不得而被遗忘在府内某处）、能否全体撤离。这与后来为完成向寺社奉行申报的手续而在泉岳寺临时进行的第二次点名的性质不同。

在吉良府后门进行第一次点名时，寺坂吉右卫门无疑在场。在向泉岳寺进发的途中，富森助右卫门与吉田忠左卫门一道告别众人往仙石伯耆守府去了，所以二人自是不知在泉岳寺进行第二次点名之事，更不会知道当时一众浪士发现“咦，寺坂不见了!”这件事情，故而《富森助右卫门笔记》当然完全不会提及这一点。

不过吉田与富森二人碰巧都由细川府监管，很难想象他们不曾谈论过吉右卫门逃亡之事。二人定是知道些什么，甚至对堀内传右卫门也保密——这样想才更自然吧。

寺坂吉右卫门只有一个脱队的机会，那便是在从本所吉良府前往高轮泉岳寺的漫长行程中。更确切地说，因为这次行程大致需要三个半小时，其间有无数次机会。我们后面很快便会看到，在这次颇具庆祝游行色彩的凯旋行进中，浪士们一路上的行动几乎都是不受约束的。

吉右卫门的失踪往往被视为临阵逃脱，但这是不对的。此人在全体浪士进行激战时，始终都在吉良府，由此亦可看出这一结论是错误的。事实上《寺坂信行自记》中甚至还留有关于吉田忠左卫门装束的记录。

吉右卫门显然是接到干部的命令而离开的。恐怕只有上层的极少数人才知道真相吧。

十二月十四日大石内藏助、原惣右卫门、小野寺十内联名写给赤穗藩医官寺井玄溪的信（即前揭《袭击实况报告书》）中写道："（寺坂）直至十四（五）日凌晨仍在，但据说没看到他去那座宅子（吉良府）。毕竟是个身份低微的家伙，也没办法。"（『忠臣藏』第三卷所收）

然而在随此信附上的内藏助亲笔的四十七士名单中，却并未在末尾抹去寺坂吉右卫门的名字（『江赤見聞記』卷五）。此举似乎别有深意，足以使人想象在逃亡这一假象的背后有着一道密令。有人说将《大石良雄金银收支账》（『大石良雄金銀請付帳』）送到长矩的未亡人瑶泉院手中的便是寺坂。

真相不得而知。更准确地说，它属于这个事件留下的多个谜团之一，属于忠臣藏文学的阴影部分，属于至今仍然是人们推理和想象源泉的、尚未被踏足的那片领域。

3　上杉没来

民众的欢呼

在整个夜袭吉良府行动的水面之下，涌动着极为丰富的、多样化的人际关系。对于其中所有的出场人物，用“义士”或“不义之士”这种狭隘的二分法来划分，恐怕是没有意义的。

吉良府夜袭行动是场壮举，但这绝不是从赤穗骤然集结到大江户的四十七人孤立无援地完成的。吉良一方小看了这群人，以为一群乡巴佬不可能完成这种事，但这群人十分漂亮地打了他们一个措手不及。

的确，上野介起初并未放松警戒，“连小厮（武家杂役）用的都是米泽的人，还将本所的宅邸建为两层，以备紧急情况下可以跳到邻家宅邸中去，如此这般做好了万全的准备”（『江赤見聞記』卷七）。但后来随着社会上盛传关于浅野浪士们的各种恶评，又没有接到什么特别令人在意的消息，上野介渐渐也就放松了警戒。

另一方面，赤穗浪士一方若是没有那些明里暗里的协助者、情报提供者的话，也绝不可能实现计划。比如说，上野介宅邸改建后的平面图是最重要的情报，而历经千辛万苦终于搞到这些情报的毛利小平太却在即将发动袭击的十二月十一日退出同盟，被称作最后一名“不义之士”。但如果没有这份情报，浪士们就无法知道吉良府中长屋面向府内的一侧并无竹篱等防卫设施，便不可能做出将长枪截短至九尺（约 2.7 米）才最为合适的判断吧。夜袭吉良府的这群人并不只是歃血为盟的组织，而是为实现一个极其明确的合理性目标而共同努力的战斗功能集团。正因如此，他们才得以贯彻不做任何无用功的战场理性主义方针。有许多人以不同的深度和程度分别参与了这一复仇计划，而世人所谓的四十七士，是这一群体的精华。

可以认为，大石内藏助对于这些人中每个人的能力特点乃至个人隐私、特殊情况等都有着充分的了解，对每个人的用途都了然于胸。

并非每一位有志复仇的浪士都要成为袭击队伍的一员，也并非所有成员都武艺高强。赤穗藩医官寺井玄溪有意加入团队，但内藏助始终以医官非战斗人员为由拒绝。另一方面，内藏助重新起用不破数右卫门这样一个相当乖僻且因为天生的奇怪嗜好而类似被主家驱逐出去的人，使之在战斗现场发挥了巨大作用。内藏助因材而用、人尽其才的能力真是出类拔萃。

赤穗浪士们自始至终完美地保守了行动计划的秘密。但他们并非秘密结社，而是与当时置身其中的社会有着密切的联系，可以说面向社会毫无保留地敞开着。元禄十五年十二月十五日早晨，浪士们撤离吉良府时，沿途欢迎他们的民众的欢呼便是这一事实最雄辩的证明。

人心所向

众人撤出吉良府后，先是在两国桥东面尽头处集结休整了片刻，等待上杉家的追击。后来发现对方似乎不会来了，便开始向高轮泉岳寺转移。他们选择的路线“因御礼日而避开通町一带”（『冨森助右衛門筆記』），也就是说这天恰逢每月例行的诸大名拜谒将军（“御礼”）而全体登城的日子，为避免与大名的队伍冲撞而避开了通町。所谓“通町一带”，就是江户的主干道，相当于现在的中央大街。他们顾忌幕府而避开了繁华路段，经隅田川左岸，穿过下游的永代桥，经由灵岸岛→南八丁堀→稻荷桥→铁炮洲，然后经过汐留桥→金杉桥到达高轮的泉岳寺。这给人的印象是他们一直沿着江户的东南部行进。正如前文既述，中途吉田忠左卫门和富森助右卫门在新桥附近与众人分别，往位于附近爱宕下的仙石伯耆守府去了。

这是一群危险分子组成的队伍。他们手握长枪，有些还浑身是血，一路上却没有人盘问他们。在好几处辻番前，也有守卫站在小屋前惊讶地打量他们，但只要他们一走近，便吓得缩到小屋里去了。也不是没有人按照常规关闭了木门（关闭町与町界线处的木板门），但只要浪士们一举起长枪作势欲刺，他们就立刻开门放行了。

在位于南八丁的堀井伊扫部头①（直通）官仓前的辻番，两名守卫战战兢兢地问道："怎么回事儿？各位要去哪里？"浪士们回答："我等乃浅野内匠头的家臣，为主君报了仇，正往泉岳寺而去。"守卫没说什么便放他们去了。这时另外四名守卫拿着二十多个碗和两个装满茶水的水壶追出来道"各位得偿所愿，真是本领高强！想必也一定累了，请喝杯茶再走吧"，说着便请四十六人喝了茶。

连辻番尚且如此，普通民众就更不必说了。不知有多少人一边赞不绝口地说着祝贺的话，一边跟在浪士队伍后面一起走。人越来越多，据《义士实录》记载，田町一位卖橘子的小贩以前就与去泉岳寺祭拜的浪士们相熟，此时非常热情地跑了过来，将用来售卖的橘子都送给浪士们吃了。

泉岳寺门前的混乱场面

就这样，像尾巴一样跟在浪士队伍后的群众越来越多，连趁着人多推销物品的精明小贩和售卖加急印制的木

---

① 主管清扫和仪式准备工作的官员。

版小报的人也加入进来，泉岳寺的门前町最后变得一片混乱。据说甚至已经有人开始出售单张印制的“义士姓名录”，袭击的成功已迅速化作一场庆典了。

还有这样的一幕——俗话说得好，“富在深山有远亲”，此时出现了无数自称某某义士新朋故交、亲戚族人的阿猫阿狗，多到一时间泉岳寺的门都无法关闭，无奈只得由十二三名浪士转过身去，把枪尖对着围观的群众，吓得众人一窝蜂地向后退去，这才得以关上大门。

之前护送老迈的堀部弥兵卫去吉良府的佐藤条右卫门，一直忐忑不安、心神不定地听着府内传出的不同寻常的各种动静。最后喧闹平息下来，事先约定的喇叭声也传了出来，他才松了一口气，心道定是宏愿得偿了。然后与同是碰巧来到吉良府附近的堀内源左卫门等人会合，一道去了后门，见到从府中出来的原惣右卫门、堀部弥兵卫和安兵卫父子等，互道欢喜。

几人姑且回了米泽町的弥兵卫家，与蜂拥而至的族人、友人等相互问候了一番。片刻后传来四十六士将到泉岳寺集合的消息，几人便带着在两国桥意外碰到的、近松勘六的仆人甚三郎一道往泉岳寺去，想要在那里与浪士们碰个面。到了泉岳寺一看，门前已有大名们带来的大批人马镇守，周围聚集着比这还要多上一倍的各种阶层、各种身份的人。几人恳求守门的僧侣设法放他们进去，却被毫不留情地拒绝了，无奈只得伫立在门前。不久几乘快轿陆续到来，大名们进了寺庙。

几人正在门前东跑西看、四处打听时，发现了细井广泽的身影，便过去询问情况。据广泽从伊予松山藩松平隐岐守（定直）的留守居役那里听到的消息，四十六人接下来将由四位大名分别监管，仙石伯耆守马上就要来将他们带走了。

送到四位大名的府里监管

浪士们到了仙石伯耆守府，被请到书房，受到郑重的接待。大石内藏助则在另外一个房间由伯耆守亲自审讯。总体而言，对方是善意的，审讯时特意以引导的方式让内藏助答话，比如浪士们完全没有针对官府的意思，因此既未使用火枪，也尽可能地注意了防火，等等。

很快幕府的意向确定下来，要将四十六人送到大名府中监禁。为避免他们团结起来引起骚乱，将其分成四组，送往四位大名的府里监管，具体划分如下：

◎细川越中守家（肥后熊本）十七人

大石内藏助/吉田忠左卫门/原惣右卫门/片冈源五右卫门/间濑久太夫/小野寺十内/间喜兵卫/矶贝十郎左卫门/堀部弥兵卫/近松勘六/富森助右卫门/潮田又之丞/早水

藤左卫门/赤埴源藏/奥田孙太夫/矢田五郎右卫门/大石濑左卫门

◎松平隐岐守家（伊予松山）十人

大石主税/堀部安兵卫/中村勘助/菅谷半之丞/不破数右卫门/千马三郎兵卫/木村冈右卫门/冈野金右卫门/贝贺弥左卫门/大高源五

◎毛利甲斐守（纲元）家（长门长府）十人

冈岛八十右卫门/吉田泽右卫门/武林唯七/仓桥传助/村松喜兵卫/杉野十平次/胜田新左卫门/前原伊助/间新六/小野寺幸右卫门

◎水野监物（忠之）家（三河冈崎）九人

间十次郎/奥田贞右卫门/矢头右卫门七/村松三太夫/间濑孙九郎/茅野和助/神崎与五郎/横川勘平/三村次郎左卫门

四位大名的府里接到幕府指示后派出的大批人手，因中途接到交接场所变更——从泉岳寺改为仙石府——的通知而产生了不小的混乱，不过虽然抵达时间有先有后，最终还是都集结到了仙石府周围待命。

总之人数很多。细川越中守家出了大约七百五十人，松平隐岐守家派出约三百人，毛利甲斐守家约为二百人，水野监物家约为一百五十人，总计约有一千四百人，将爱宕下大名小路挤得水泄不通。

莫名的失落

为接管区区四十六人，竟动用了如此多的人手，是因为当日所有人心中都深深担忧“上杉很可能会采取行动”。负责警戒的武士们全都焦虑不安地认为上杉会来。大家身上的寒战，分不清是因为那日从白天到黑夜始终如一的寒冷，还是因为紧张和恐惧。

负责监管的大名之一松山藩松平的家臣中有位名叫波贺清太夫朝荣的人物，留下了《波贺清太夫觉书》这样一本笔记。清太夫一听说要由本藩监管，便迅即清点了二百名人手前往泉岳寺，与第一个到达那里的水野监物的队伍一番交涉后，强行占据了门外一半的地盘。清太夫之所以会雷厉风行地做出如此有执行力的选择，也是因为确信上杉家会来报复。也许更准确的说法应该是，他正激动得浑身发抖地期待着与上杉家的一场大战吧。

然而上杉始终没来，什么也没有发生。事实上就在清太夫做好大战一场的思想准备、叱咤激励手下众人的同一时刻，幕府上层和手握实权的大名们正在谋求“政治性解决方案”：避免使之成为大名家之间的纠纷，极力避免问题进一步扩大并发展为一种社会现象，尽可能平息社会上如野火般熊熊燃烧着的拥护赤穗浪士的风潮。

对策很快出台。首先尽快将赤穗浪士分散到四位大名的府里，并且变更了交接地点，令上杉的袭击变得困难。而最重要的一点则是向关键的上杉家施加压力，提前阻止了其采取报复行动。

就这样，波贺清太夫蓄势待发的等待成了徒劳，久违的满腔热血也白白浪费了。如今想来，在作为历史事件的忠臣藏这部大戏中，人们的紧张感最为浓烈的一幕并不是攻打吉良府，而是在翌日即十二月十五日的深夜，于爱宕下的仙石伯耆府周围待命之时吧。

上杉家最终没有动手。

并非所有武士都和波贺清太夫抱有同样的想法。人们只是在默默品尝内心深处弥漫开来的那种莫名的失落。

“元禄”这一年号还会再持续一年左右。但毫无疑问，经过这一夜，“元禄时代”已经终结了。

第九章　亡魂地震

1　要法律还是要忠义

在四所藩邸的待遇

四十六名赤穗浪士被分成四组，没有出现任何事故或问题，依次被押送到分配到的大名家去了。但他们在旅途的终点遇到不同的人，使得他们之间的境遇出现了很大差异。

向细川家去的十七人全部乘上了轿子。因为其中还有老人和伤员，所以押送者命轿子尽量走得平稳些。每顶轿子由一名骑马武士和一名徒步武士护送，戒备森严地从爱宕下沿着芝三岛町（芝增上寺的门前町）、通新町（三田附近）、芝伊皿子坂一路前行。细川家的上官邸在吴服桥门内，十七人被送往的是芝白金的中官邸，到达时已过丑时（凌晨二时）。

细川越中守家负责押送的是御使番[①]堀内传右卫门重胜（二百五十石），一路上与十七人同行，对他们多方照顾。此人时年五十八岁，生性热情好客，为人温厚笃实，与被监管的浪士们也能互相敞开心怀、成为知心朋友。

松山藩松平家的负责人是在爱宕下干劲十足的那位波贺清太夫。他以完美主义者的一丝不苟一手打理着必要的工作，而且对事物的理解和判断异常之快，甚至早就预想到会是切腹这样一个判决，所以预先做好了相应的准备工作，并将自己定为大石主税的介错人。

然而其他两个藩或许是因为没有像传右卫门和清太夫那样有人情味的人吧，对待浪士们十分冷漠。

长府藩毛利家将监管的浪士分别关入两间小屋，每间五人，将小屋外面的走廊钉上板墙，再加上院子的围墙，构成了双重围墙。毛利家还在出入口和围墙的多处开了监视孔，派人轮流监视，如同设置了一个俘虏收容所一般。在冈崎藩水野监物府，从宅子的玄关开始，都布下了双重竹篱，在“关押九个家伙（！）的内院中也布满了竹篱”

① 监军特使，江户幕府官职名，从属于若年寄，作为将军特使巡视各诸侯国，监视各国诸侯及各城守备。

(「浅野様御家来九人御預一件」[1]),只对神崎与五郎例外,会给他酒喝。与五郎可能是因为攻打正门时从屋顶跌落所受的伤十分疼痛,时常会发脾气,藩士们都很害怕他。

浪士们的真实面貌

细川府的堀内传右卫门与监禁的十七人日益亲密。由于他的人格魅力,大石内藏助、原惣右卫门、吉田忠左卫门、堀部弥兵卫等年长者渐渐向他敞开了心扉,甚至对每日的饭食也可自由地提出要求了。

“吃着这么好的饭菜,心中反倒堵得慌,怀念起以前的糙米饭和沙丁鱼来,还请您吩咐一声,将饭菜弄得简单一点。”

当然浪士们不可能还在准备着与上杉家一战,但即使是切腹自尽,若是被美味佳肴养得满身肥肉,动起手来也确实不方便。

在浪士们的沐浴方面,传右卫门也是煞费苦心,起初可能给每个人都换一遍水。对此浪士们也抱怨说“反倒麻烦”,以洗的人多水会更舒服为由,后来要求改成两三人换一次水了。浪士们还要求停止每日换洗兜裆布。

---

① 意为“监管浅野大人九位家臣之事”。

在攻打吉良府当夜以老迈之躯奋战在现场的间喜兵卫，在细川府中总是郁郁寡欢、不苟言笑。传右卫门跟他说话，他也只是微笑施礼道："惶恐！惶恐!"他虽然很少与人交谈，却已悄悄写下绝命诗藏在怀中，看来是从一开始就已下定决心要切腹自尽了。

在松山松平家，气氛则大为不同。波贺清太夫发挥其独特的个性，从浪士们口中挖掘出了一些有价值的材料。清太夫与传右卫门不同，不是那种温和包容、让谈话对象如沐春风的类型，但也许是凭借天生的认真与高效，清太夫善于从被监禁者口中问出话来，总之他巧妙地使浪士们开了口。

比如下面这一幕幕发生在吉良府正门的场景，也许就是出自某位喝得微醺、心情正好的爱酒浪士之口：大高源五将年迈的堀部弥兵卫从屋檐上抱下来；神崎与五郎踩到融化的雪上跌落下来摔断了右臂；还有在发动袭击那日，按照之前的约定，大伙儿应当先各自结清房租和赊欠(赊账购买物品时欠下的钱款)，待夜深之后再聚集到浪士们在本所的几处租屋，可年轻人们等不及，在天光仍然大亮着的七刻（下午四时左右）便来到了集结处，老人们看不下去，劝他们到别处去等，于是年轻人们便分散去了几处茶棚，在那里尽量不引人注目地打发时间直至天黑(『波賀清太夫覚書』)；等等。

全社会都对赤穗浪士报以善意

当时社会民众对赤穗浪士的快举报以巨大的支持。江户的町人可以说几乎都站在浪士们这边，还有传说中的那些木版小报、单张小报之类，虽然现在并无实物流传下来，但想必当时也大大激发了人们的热情吧。社会上逐渐形成了一种氛围，使那些主张处罚浪士们的人不敢再公然谈论自己的想法，渐渐形成“不支持赤穗浪士就不配为人”的舆论。

当然谴责浪士们的论调也并非没有，其中最激烈的不消说自然是来自上杉家。在之前引用过的《米泽盐井家觉书》中，附录部分收入了野本忠左卫门所写的一封信的抄本，日期据考应为十二月十七日。信中这样写道：

> 今天听闻浅野家的四十七（原文如此）名家臣将会被斩首示众，说是不会从复仇这个角度来酌情考量。事实上引发这一切的殿中伤人事件，原本也是由浅野方挑起的，这回也是一样。毕竟是在江户城近旁做出了野蛮的行径，所以被处死也是理所当然的。这些传闻不知是真是假，但在下认为十分得当。

从结果来看，这不过是上杉家一厢情愿的推测而已，但在事件刚结束后的那段时间，一切都处于不确定的状态，幕府高层也无法预想裁决结果究竟会朝怎样的方向发展。

江户时代是一个人情关系社会，据传曾发生过以下一幕，而且它很有可能是真实的情景：米泽藩藩主上杉纲宪的正室是纪州德川家德川光贞的女儿荣姬，即纪州当代家主纲教的姐姐，而这位纲教成了纲吉之女鹤姬的女婿，本想成为膝下无子的纲吉的继承人，后来却先于纲吉而死，所以未能如愿（结果纲吉的继承人定为甲府宰相纲丰）。有这么一条人际关系，虽然复杂了点儿，但总之上杉家循着这条关系，通过嫁入纪州家的鹤姬向纲吉的母亲桂昌院这样哭诉道：

> 请将赤穗的四十六人处死，否则上杉弹正（纲宪）便会颜面尽失。如果有可能，希望能将浪人们交由上杉家处置。
>
> （田村栄太郎『赤穂浪士』）

与吉良家有着亲属关系的上杉家做出这样的反应也许可以说是理所当然的，但从整体来看是个例外，对赤穗浪士报以善意的态度仍是当时的主流。

评定所的判断

最能生动地反映出这一趋势的当属十二月二十三日提

交给老中的《评定所全体意见书》（『評定所一座存寄書』）。评定所并非常设机构，而是由三奉行（寺社奉行、勘定奉行、町奉行）加上大目付所组成的、审议幕府政治重要事项或者重大司法问题的最高审判机构。

提交给列座老中的意见书由三名寺社奉行、四名勘定奉行、三名町奉行（当时除南、北之外，还有负责本所地区的町奉行）、四名大目付，共计十四人联署。文中极尽对浪士们的同情与辩护之词，而对吉良和上杉两家则颇多苛责。因内容较长，以下只择其要点加以介绍（着重号为引用者所加）：

①吉良左兵卫的疏忽无可辩驳，若能自裁也就罢了，却未有行动。此事不可听之任之，应令其切腹。

②吉良上野介家臣中未做抵抗者应一律斩首，多少进行了一些抵抗并因此负伤者由亲属接管，奴仆、杂役等则应全部流放。

③上杉弹正大弼（纲宪）及其儿子民部大辅（吉宪）坐视赤穗浪士撤往泉岳寺而未采取任何行动，对于如此不可理喻的行为，无论如何惩处都不过分。

④关于内匠头家臣的处置方法有两种意见，分歧主要集中在一点上：继承亡君遗志、不顾个人性命攻

打上野介府的行为是不是真正的忠义？法令——纲吉于天和三年（1683）亲自制定的《武家诸法度》——第一条明确写着“应奖励文武忠孝，端正礼仪”，应当说赤穗浪士的行为正符合这一条。当然该法令的第五条的确也规定禁止“结党盟誓”，但内匠头的家臣们若有意结党，在赤穗城交接之时应该便已有此企图，然而当时他们并无丝毫违抗之举。只是在攻打吉良府一事上，若非全体人员齐心协力则难遂夙愿，所以浪士们不得已才聚众谋划，这恐怕很难称作结党吧。

⑤此类事件以后可能还会发生，但如何看待它们则由人们的想法而定。所以我等认为对于此类事件，每次都应根据其行为方式的对错予以裁决，在这点上评定所全体人员的意见是一致的。我等认为，这次应暂处内匠头家臣保持监禁状态，不做处置，数年之后再做了结。

总之他们的主张是应当判处暂时监禁，数年——注意不是“数日”，时间间隔相当之长——之后再做处分。

慌忙组织“进言”

这份提案每字每句都与幕府的处理方针相违，简直像在挑衅一般。幕府高层慌了手脚，却仍想表现出一种严格遵守司法公正的姿态，于是为更加广泛地了解有司官员的意见分布，限定以列席芙蓉之间[①]的官员为对象（这是对外声称的，事实上也包括了其他伺候席[②]的官员）组织“进言”，令其在十二月二十六日之前各自提交意见（『赤穂锺秀記』卷之中）。

据该书记载，列席芙蓉之间的官员有老中、若年寄、寺社奉行、奏者番[③]、留守居、大目付、大番头[④]、御书院番头[⑤]、小姓番头、町奉行、勘定头（勘定奉行）、作事奉行、普请奉行，可以说是构成幕府执行部门的整个班子了。准确的人数虽然不清楚，但根据各职位的编制来计算的话，对象共计七十六人，为评定所人数的五倍以上。

另外，《三岛氏随笔》认为参与这次再调查的人数为“六十有余”，不知其真假。不过书中还列出了所谓“进言书”。据其记载，老中土屋相模守主张宽大处理，认为“可恢复浅野家大名身份，多少给予一些封地，大石等人

---

① 房间名。

② 进入江户城办公的大名和旗本等待拜谒将军的等候室。

③ 传奏官。节庆时负责传奏大名、僧侣等谒见将军时进献物品的清单，并传达将军所赐物品的官员。由谱代大名轮流担任。

④ 大番组的首领。大番组相当于禁卫军。

⑤ 御书院番的首领。御书院番是隶属若年寄的军事组织，负责将军居所的警卫、将军出行护卫及仪仗等。

则流放远岛[1]”。若年寄加藤越中守（疑为佐渡守之误）的提案更为宽松：“全体浪士处永久监禁，让他们的后代为复兴后的浅野家效力。若是浅野大学无法承担此任，则从浅野本家一族中选出一人，分与其一万石。”更有甚者，连纲吉本人也写了一份“御入札御文书”[2]，声称“自己很想救他们，但天下人的法令即使身为将军也不能违背”。这样一来，以上所有内容都让人生疑了，但从中还是可以感受到当时的整体氛围。

总之，这样一种意见分布看来多少给了柳泽集团一些果断行事的自信。转眼一年结束，到了元禄十六年一月二十二日，幕府让浪士们提交亲笔签名的亲属名册，以备浪士们被处重刑时使用。

通常“亲属名册”是指罗列了家属和亲戚姓名以及该人与本人之间亲属关系的文书，多在出仕或议婚等情况下被要求提交，但这次情况不同，应该是为让浪士的亲属被处以流放远岛、监禁等刑罚时能够服罪而采取的一项措施。

荻生徂徕的意见

柳泽吉保大为头痛，本以为将浪士们处以极刑这一方

---

① 江户时代刑罚之一，没收财产，流放至边远岛屿，较流放重，较死刑轻。

② 即进言书、意见书。

针已得老中们意会，不料却出了个《评定所全体意见书》，结结实实地推翻了这个决定，真是当头一棒。

不仅如此，因二月一日在江户城例行举办的新春拜贺之礼，上野宽永寺的轮王寺宫公弁法亲王来到幕府，纲吉似乎在此期间还就如何处置赤穗浪士一事私下征询了法亲王的意见。法亲王是出了家的亲王①，在那个时代，被认为是一种超脱于政权之外的、超然的权威，具有非同一般的调解能力。

纲吉完全是一位任性的专制君主，此时已将自己命令浅野内匠头即日剖腹之事忘得一干二净，反倒被赤穗浪士们舍生忘死的忠心彻底感动，想要救下他们的性命。据记载，纲吉这样向法亲王坦承心中的想法："浅野家臣之忠诚义烈，在此末世实属难得，吾心中实欲就此放过他们，但若是那样，反会违背政道，故而心中非常苦恼"（『常憲院殿御実紀』）。对此法亲王只是沉默不语，吉保听了此事却是深受打击——关键人物纲吉若是动摇，则政治之权威不保！

要防止纲吉动摇，又要按照既定方针处罚浪士们，该如何进行才好呢？

吉保紧急召见了家中的儒者荻生徂徕。三十八岁的徂

① 天皇的兄弟及皇子的称号。

徕应召前来，心中虽十分紧张，面上却不动声色。徂徕后来作为一名大学者享誉盛名，但此时尚无名气。吉保果然有眼光，很早就看中其学识，以五百石雇用了他，并称之为“家中之宝”，十分重用他。徂徕听了吉保的想法，思索一番之后回答道：

> 对于为追求忠孝而起事者，不可将其等同于强盗来加以处罚。一旦开此先例，则不忠不义之人今后将如何处罚？不参考别国，只以我国当前的判例来处理，令其切腹的话，则既可使那些浪人夙愿得偿，亦可成为世人的某种示范吧。
>
> （『柳沢家秘蔵実記』卷上七）

实在是高明！吉保不禁一拍大腿赞道：“妙啊！”发自内心地觉得自己有位好家臣。

日理万机的吉保次日一早比平日提早一个小时进了江户城，面见纲吉并向他转达了上述方案，结果“纲吉公也大为赞叹，评议顿时为之一变”（同前），之后事态便沿着浪士切腹这样一条线路发展了。

徂徕的方案中闪耀着对“义－法”“私－公”这样一些法律概念的巧妙操作，看上去对解决目前的难题很有作用。吉保听到此方案时脑中定是灵光一闪，想到“对啊！

如此一来既能使赤穗浪士得偿所愿，又可保住上杉家的面子，也许便可打消那些人想要宽大处理的念头”。当时，自纲吉本人于天和三年（1683）制定《天和武家诸法度》以来，并无“喧哗两成败”的规定，所以赤穗浪士中并无一人举出“喧哗两成败”的法规来作为自身行为正当化的理由。他们所主张的只是作为一种习俗而存在的“喧哗两成败”的说法。浪士们通过攻打吉良府这一行为所表现出来的信念，并不是以当时的现行法规中已无明文规定的“喧哗两成败”为依据的，而是一种更加淳朴的忠诚。

正因为知道这种不再顾忌有无法律依据的破釜沉舟之可怕，徂徕才会选择不拘泥于法律条文的细枝末节，而急于推翻宽大处理论。自己的方案多少有些紧急避险[①]的权宜之处，对此他自然早就心知肚明。

2　全体切腹

过于乐观的传右卫门

就这样，在幕府高层间，确定了向赤穗浪士追究行为

① 在法律上指为避开自身面临的急迫危难而不得已牺牲他人或他人的财物。

责任的方针。这群浪士用现代的术语来说属于“确信犯”[①]，这点也坚定了幕府的判断。柳泽集团怀着一种莫名的自信着手准备浪士们的切腹事宜。二月三日，幕府派遣目付和差役前往四位大名的府上，秘宣“明日（二月四日）命被监禁者全体切腹”之令。

被监禁的浪士们似乎也迅速感知到了这种气氛。大石内藏助在二月二日写信给细井广泽说“很快判决就会下来了吧”。可是堀内传右卫门却因为社会舆论有利于赤穗浪士，便认定他们会被赦免，还跟浪士们说他们可能会被永久监禁于细川家，如若那样，自己也跟他们一起到熊本去。所以他做梦也没想到竟会是切腹。

正月里节日多，二月一日传右卫门因日光开镜[②]等幕府的例行仪式忙得不可开交，便将十七人交由别人照管了，他事后为此后悔不已。二月三日晚四刻（晚上十时左右），传右卫门正在值班室值夜，从上官邸来了两名藩士传达上意：“明早备好鲜花。”传右卫门也不知是太善良还是太迟钝，完全没明白这意味着什么。正在此时有同僚来叫他，将他带到年轻浪士们的住处去了。

---

① 又称信仰犯，以道德宗教或政治信念为动机，确信其行为属于正当而犯下的罪行，如政治犯、恐怖主义者等。

② 在日光神社举行的切镜年糕的仪式。正月里供神的年糕圆如镜，名镜年糕，正月过后便切碎煮汤分食。

房间里有大石濑左卫门（二十七岁）、矢田五郎右卫门（二十九岁）、富森助右卫门（三十四岁）、矶贝十郎左卫门（二十五岁）等人，大家都很兴奋地说："估计很快就有结果了，我们为您表演一下才艺，权当告别吧。"

然后"趁着卫兵还没发现"，大家开始模仿堺町的舞蹈狂言，热闹非常。堺町是当时中村座等歌舞伎剧团兴盛之地，浪士们当中大概也有人在任职江户期间偷偷去看过吧。现在他们是在表演一生中仅此一回的狂言模仿秀，全体人员都处于一种狂躁状态。

同在一个房间的奥田孙太夫（五十七岁）和潮田又之丞（三十五岁）带着一脸无可奈何的表情躺在旁边，劝传右卫门道："都是些年轻人，早晚要发泄出来的，请您莫要怪罪。"又之丞苦笑道："明天只能跟内藏助说说，让他给这些家伙戴上手铐了。"传右卫门说，"夜已深了，请各位适可而止"，然后便走了。这也成为他后来深感后悔之事，遗憾自己当时为什么没有多欣赏一会儿他们的告别演出。

若说他当时为什么没那么想，是因为他压根儿没想到赤穗浪士竟会落得切腹的结果，他以为就算是家老大石内藏助也顶多是流放远岛。堀内传右卫门可真是个不折不扣的乐天派。

二月四日早上，官邸中气氛骤然一变，房间里装饰上了鲜花，还通知说藩主要来芝白金的中官邸，因而人人都装束得整整齐齐。饶是如此，传右卫门仍未搞清状况，值夜一结束就出了官邸打算回家。正要走时却听矶贝十郎左卫门说“有个不情之请，希望索性在您还没离开的时候将事情了结”。这是浪士们在殷切地恳求他留在官邸中，等到切腹结束再走。可就是这样，神经大条的传右卫门仍未搞清事态。

后来传右卫门在回家的途中遇到一位同僚，告诉他上使片刻后便到芝邸①，他这才终于回过神来，立刻飞马奔返，总算赶上了十七人的最后一餐。浪士们面色无异，看上去对一切都已了然于胸，只是流露出想尽快了结此事的神情。大家要换上迎接上使的礼服，传右卫门急忙在旁帮忙，为矶贝十郎左卫门和富森助右卫门垫上了下装的腰板②。

切腹的实际情况

二月四日四刻（上午十时左右），四位大名府里同时接到老中传旨，命执行浪士切腹的判决。很快到了八刻（下午二时左右），差役、目付、徒目付、小人目付抵达

① 即芝白金的中官邸。

② 衬垫在男士和服裙裤后面垫腰的板子，可防止和服穿着时起皱。

四处宅邸，检查切腹是否如期执行。方针一旦确定，幕府处理起问题来便是按章办事、干脆利落。

四处宅邸在各自的执行程序上虽有细微差异，但有一点是相同的，那便是从宣判切腹（即实质上的死刑判决）到实际执行之间的行动非常迅速。细川家是从七刻（下午四时左右）到七刻半（下午五时左右），所用时间为一小时左右。

各府内的切腹地点也有所不同，但均设在了庭前。细川家的做法是四周围上白布，廊檐下铺上毡垫（目付的座席），白沙地[①]铺着草席（自家仆役的座席），用白屏风围出的三张榻榻米是切腹者坐的地方，上面铺着一大块棉布，这是为切腹和介错后立即将尸体包住并移走而准备的。其他府邸则更为简单些，比如用浅蓝无纹的布帘围上等等。

说是切腹，其实只是形式。当切腹者脱去上衣露出上半身，伸手拿起摆在三宝木盘上的短刀时，介错人便会从后将其头颅砍落。切腹原本是一种荣誉刑，目的在于给切腹者以人生最后的荣耀，同时也是对罪人的处决。虽然归根结底是要结束其生命，但并非只要将脑袋砍掉即可，而是要按照合乎礼仪的方法来进行介错。如果无人介错，切

---

① 大宅第的大门前铺有白色细石的地方，玄关前。

腹者将会以一种极其悲惨的方式死去。

光切腹是不会立刻死亡的。从最近的实例即三岛由纪夫自杀的例子可以看到，被割断的腹肌会剧烈收缩引起剧痛，暴露在外的大肠从腹腔中流出，连三岛这般意志坚强的人也疼得昏了过去，若是无人为其介错，他便只能在一片血泊中痛苦挣扎至死。

武士切腹时也有人像中世①的战争故事中描写的那样，将肚子划开、将肠子掏出来的，但到了江户时代中期，也就是元禄前后，切腹已变成只是名义上的一种形式了——“切腹者手中无刀，用三宝木盘盛放短刀置于切腹者面前，当切腹者为伸手拿短刀而上身前倾时，介错人便斩去其首”（千葉徳爾『たたかいの原像』）。更有甚者，将三宝木盘中的短刀用扇子代替，以同样的方法将其斩首，称作“扇子腹”。这样一来与单纯的斩首岂不是没有什么明显的区别了吗?!

事实上赤穗浪士受刑的时候似乎采用了三宝木盘盛放短刀的形式，从冈崎藩水野家为此制定的介错人注意事项中便可明确看出这一点。冈崎藩水野家被认为是四家中最忠实地贯彻了幕府指导方针的一家。其介错人注意事项中规定，“在切腹人取短刀时将其斩首”（「浅野様御家来九

---

① 日本史上的一种时代划分，主要指镰仓、室町时代。

人御預り一件」)。毛利家的文件中也记录着“关于切腹的短刀一事，起初是准备了十把扇子，用纸包着；后来请示了到府的几位徒目付，指示说不用扇子，要用短刀”(「長府藩預り義士一件」①)。

如此一来，工具便准备好了，但浪士们那边在最终坐到切腹的席位上之前，是否已被告知实际切腹的方式呢？他们似乎在某种程度上已隐约猜测到了。

年长的、阅历丰富的武士中，也有人早知道定会是这种方式，心情反倒很轻松。像当年六十三岁的间濑久太夫，甚至还有闲情逸致十分幽默地开玩笑道：“非常抱歉，这两三日肚子不大舒服，万一到时大小便失禁还请多多包涵”(『堀内伝右衛門覚書』)。

另一方面，定然也有年轻的浪士认为“那样不就和斩首没什么两样了吗？”于是暗下决心无论如何也要在生命的最后时刻以武士的方式死得灿烂辉煌，因此也出现了下述这样一些意料之外的情况。

介错种种

在毛利府上，九人中第八个切腹的间新六（二十四岁）在宽衣之前便已将三宝木盘接在手中，拿了短刀便

① 意为“长府藩监管义士之事”。

猛地刺入腹部，划开了六七寸。介错人镇定地手起刀落斩掉了他的脑袋，所幸未出大事。其他四十五人也都留下了种种逸事，总体而言都十分平静地从容赴死。

松山松平府还安排了“一名火枪手”蹲在“切腹人后面”（「赤穗御預人始末」）。这是考虑到万一出现浪士拿到刀后大打出手的情况，于是让足轻端着火枪从旁防备。但同时还出现了这样的一幕：这家因听说检使到来后“姑且先将浪士们带到处决的地方，在那里应该会即刻将其赦免”的传闻，所以故意拖延准备工作，延迟执行切腹，可是到底也没等来好消息（『波賀清太夫覚書』）。这便是该府切腹延迟的原因。

另外还有记录表明，该藩还私下里为每人准备了金五十分、便服一件、被褥（包括枕头）一套、米和豆酱等物，以备浪士们被判处流放远岛时使用（「赤穗御預人始末」）。可见该藩已做好万全的准备，无论幕府的裁决是哪一种都可及时应对。在被监禁者的处置方面，所有责任由波贺清太夫一力承担。清太夫全心全意、一丝不苟地打理着所有相关事务，他受命担任大石主税的介错人绝非偶然。

看到切腹的准备工作已经做好，松山藩目付三浦二郎左卫门开口唤道：

“有请大石主税大人!”主税答：“遵命!”堀部

安兵卫道，“我随后便到”，二人相对微微一笑。主税站起身来，在列席的物头们面前停步并颔首致意，然后由三浦领到切腹的蒲团上，向检使的方向看了一眼后坐下，将脸转向左方，对清太夫默施一礼，见是日日前来的熟人，便微微一笑。清太夫默默还了一礼。仆役端来放着短刀的三宝木盘，主税拿起短刀切腹，清太夫介错，将斩落的头颅呈给检使查看。

（『波賀清太夫覚書』）

尽管清太夫站在持刀介错的位置上，但安兵卫与主税之间不经意地流露出的同性间相知相惜的永恒情谊并未逃过他的眼睛，或许他自己也体会到了一种类似的感情吧，那是一种正在从这个世界上消失的武士的真情残留的光辉，而他自己也在这刀光一闪的瞬间永远地参与其中了。

接下来九人的切腹也毫无拖延地顺利完成，很快老少十具尸骸便都被装入桶中——为防止混淆，桶上分别挂着名牌——运往泉岳寺去了。其他三家也是一样。

话虽如此，《江赤见闻记》第六卷中却记载了数名浪士的死状，在此便不一一介绍了，仅略提二三：没有规规矩矩地接过短刀，而是猛地将其刺入腹中的人不止间新六一个（还有大石内藏助、大石濑左卫门、大高源五）；还有人因介错未能将头完全砍断而大喊“连着呢！连着呢（没砍断）！”我想浪士们被收敛的头颅上也不全是平静的面容，定然有许多人带着满面懊恼遗憾的神情吧。

可怜吉良左兵卫

这日九刻（正午前后），在上使前往监禁赤穗浪士的各处府邸宣判切腹命令之前，吉良左兵卫被叫到评定所，由大目付仙石伯耆守向他做出如下宣判：

> **浅野内匠头家臣攻击上野介之时，左兵卫应对不周，因此没收其领地，交由诹访安艺守监管。**
>
> （『江赤見聞記』卷六）

文中所说的“不周”应当是在责备吉良左兵卫眼看着养父被人砍去脑袋，自己和家臣却都没有拼死抵抗，即所谓“不合乎武道”。在天和以前的《武家诸法度》中，“文武弓马之道，乃应专嗜之事”这句话永远是列在第一条的。但这个判决的理由实在太残酷了，事实上家臣中也有人战死，而左兵卫也挥舞着长刀砍向敌人，进行了奋勇的抵抗，但不幸的是对手太强，他偏偏遇上了不破数右卫门，所以不堪一击也很自然。

但幕府的判决是毫不容情的。

左兵卫在评定所直接被交给诹访家，由信州高岛藩诹访安艺守忠虎（三万石）监管了起来。

在这个时代，放到大名家的领地里监管，就等于是囚禁在一个代用的监狱里。不久左兵卫便被转移到高岛城幽禁起来。诹访家在城堡的一隅新设了个南丸，居室上着锁，常年有卫兵看守，不让剃月额，只许用剪刀剪胡须。吉良左兵卫的身体彻底垮掉了。虽然又苟活了几年，但从很早以前就折磨着他的抽搐和发热症状更加严重，很快就病得无法排尿，终于在宝永三年（1706）悄无声息地死去了，年仅二十一岁。

在幕府的检使到来之前，左兵卫的尸体一直用盐腌着，因为必须要证明他的确是正常病死的。检视于二月三日结束，但已经后继无人的吉良家不可能有人来领尸首，所以便将他在流放地的法华寺土葬了。这期间，将他过继到吉良家的上杉家没有任何动静，其生父纲宪已于此前的宝永元年六月二日去世了，据说是在失意烦闷中离开人世的。

至此，在幕府政治方面，赤穗事件算是可喜可贺地“圆满解决”了。手握权柄的纲吉亲信集团认为年轻的徂徕的法律理论“奇货可居”（难得的良机，现在立即让它发挥作用!），对其大加赞赏并加以采纳，保住了“仁君无恶政”的体面，将民众发泄愤怒的对象转嫁到吉良左兵卫一人身上，成功化解了百姓对政治的批判。

3　化作民众的记忆

不满深深地、静静地潜藏在心底

幕府也许以为渡过了一个难关，但社会的气氛正发生着细微的变化。民众对上头的做法无法认同。一种类似于不定愁诉[①]的不平、不满的情绪开始弥漫在全国的大街小巷。《赤穗义士史料》中收入了一份《姓氏不详书信》（「氏名不詳書状」），落款日期就在义士切腹的次日，即元禄十六年（1703）二月五日：

> 从二月四日傍晚开始直到此刻，一直是狂风大作，连房子都要摇晃起来了。大家都说这恐怕是四十六人的亡魂在作祟。之后，大家都日夜担心接下来会发生大火灾。街上几乎所有的店铺都关了门，让人觉得简直像住在旅馆里一样。
>
> （下卷）

---

① 医学用语，指患者主诉身体不舒服，但没有任何体征及实验室检查的客观证据。

另外，二月某日（无日期记载）幕府向江户全城发布了以下通告：

> 一、如之前已通告过的那样，严禁创作或者出版、销售由现在社会上发生的异常事件改编的净琉璃、小曲等。
>
> 一、堺町和木挽町的剧团也不得以其他任何作品来影射，或通过改编来表现当前的异常事件。
>
> （『御触書寛保集成』[①] #二六六八）

虽然我们不清楚这份通告中所说的“如之前已通告过的那样”的“之前”指的是何时，但看来幕府以前也曾遇到过因时事问题被大众艺术和出版物取作素材而深感头痛的情况。一般来说，这种禁令的发布说明被禁止的那些现象在现实当中已盛行到令其无法容忍的程度。老百姓原本就喜欢“时令货”（投合当时社会风潮的作品），更何况是让全天下的男女老少都津津乐道、热血沸腾的赤穗事件，干这行的人怎么可能放过？

《赤穗义人纂书》第二卷中收录了这样一封信——虽然其真实性颇值得怀疑——号称是净琉璃作者近松门左卫

① 意为“宽保告示集成”。

门写给俳人其角的：

据闻此次的事件也已于二月四日了结。在大坂当地也有各种传言，盛赞他们是绝顶的忠臣，到处都在谈论这一话题。据您信中说，江户堺町的中村座也将赤穗义士复仇的情节加进了曾我夜袭的狂言节目（「曙曾我夜討」[①]），由少长（初代中村七三郎）扮演十郎，传吉（宫崎传吉）扮演五郎。我本以为鉴于时下的形势，世人必会有所避讳，不意竟有如此痛快的消息。我这里也想创作一部作品，还请您细说下具体情况。

幕府试图通过赤穗浪士切腹和断绝吉良家血脉来达到平衡，用政治手段解决这一问题，但这一想法似乎未能按照预期发展。

对赤穗浪士的同情和对幕府的愤懑一直在暗暗燃烧。像是被众多浪士遗留下来的强烈压抑传染了一样，一种蓬勃的郁闷情绪在时代的大河中形成了一股暗流。

这种低频的杂音不会在官方记录的明面上留下痕迹，反而会在那些看似无足轻重的日常风俗中显现出身影。

① 假托曾我兄弟复仇的故事演绎赤穗事件。

比如这年江户城中流行割人头发。走夜路的女子在与陌生人擦肩而过时，被那人用锋利的刀子咔嚓一下割去黑发。也有人在熟睡中被割去头发。也有女子大概是为保住体面而坚称头发是自然脱落的。大江户八百零八町至此已间歇性地接受了数次割发浪潮的洗礼。这一现象从庆长、宽永年间起就已出现，此前一次是在延宝五年（1677）。在这个元禄十六年，这一浪潮再次袭来。

尽管已过去十二年

尾张藩朝日重章的《鹦鹉笼中记》中收录了一个故事，说是大久保加贺守的宅子被人破坏了。当时的加贺守大久保忠增是大久保忠朝（相模小田原，十一万三千石）的长子。忠朝在纲吉政权中担任老中一职直至元禄十一年(1689)，忠增则在家宣政权中担任这一职务，从宝永二年（1705）直到他去世的正德三年（1713）。

> 听说最近不知什么人在摇晃大久保加贺守别邸①的门，最后门终于被摇坏了，前几日刚换了新的。内厅的座席据说也松动了。都说这是因为大石内藏助的

---

① 江户时代前期藩邸一律由幕府拨给，但后期由于土地不足，便规定可自购或以互换的方式购买藩邸。此处原文为“替之屋敷”，即换购的宅邸。

死是由忠增的父亲即上一代加贺守造成的，所以这恐怕是亡灵干的。五月（原文如此）十日江户寄来的信中说，大久保府的鬼怪传说最近止歇了。

（『鸚鵡籠中記』卷之二十六上，

正德五年四月晦日）

上述记载的日期是正德五年（1715），自赤穗事件结束已过去整整十二年。如果相信这个传说的话，就等于相信大石内藏助的亡魂在此期间一直徘徊未去。而且忠朝早在赤穗事件发生的三年前便已辞去老中一职，所以与内藏助问罪一事并无关系。也就是说亡魂犯了个十分愚蠢的错误。如果说报复的是儿子忠增，也不大说得通，不过这类故事似乎很受老百姓欢迎。

问题在于纲吉死后

尽管如此，在二月四日浪士切腹之后的数月间，幕府内部仍是波澜不惊地例行公务，和以前没有任何两样。从散见于《常宪院殿御实纪》中的记录来看，纲吉仍和往常一样驾临柳泽府研究学问，兴致勃勃地表演能乐，也和浪士切腹之前一样，让荻生徂徕陪着用唐音[1]进行问答练

① 江户时代传入日本的汉语发音。

习。他还造访了另一名侧用人松平辉贞（上野高崎藩主）的宅邸。频繁进行人事变更、奖惩臣下的做法也一如既往。母亲桂昌院仍是前往护持院、护国寺、增上寺等处参拜，纲吉有时也会随行。

只从纲吉的日常生活来看，似乎风平浪静、未起任何波澜，但事实上这一时期在幕府高层的舞台背后悄悄掀起了一场惨烈的暗斗。接下来由谁继任？这是围绕选择谁做将军世子——将军候选人而展开的一场政治斗争。

所有的当权者都追求自身权力的延续——希望最好是永久性地延续。他们所依赖的便是自身 DNA 的传承。在这种想法上，纲吉绝不落于人后，事实上可能比别人还要强烈。他之所以努力施行仁政——他认为的——并热衷于参拜和建造神社与寺庙，皆是出于此故，发布《生灵怜悯令》据信也是为祈求子孙昌盛。然而纲吉的儿子一个接一个地夭折，到元禄十六年时，他已经只能寄希望于嫁给纪州藩纲教为妻的长女鹤姬，希望她能生个男孩子了。

而另一方面，相当于纲吉外甥的甲府宰相纲丰，作为与之抗衡的下任将军的有力候选人，名望日益高涨。到了纲吉晚年，已出现拥戴纲丰的大名和旗本，两派之间的争斗在水下深处静悄悄地进行着。纲吉冷眼看着这些，心知竞争者声望日高，便越发陷入盲目宠爱血亲的状态了。

在余下不多的血亲中，纲吉最为珍视的自然是其生母

“一位尼公”（指桂昌院，因位列从一位，故有此称）。十月十八日，他的母亲在其居住的江户城的三丸突然中风，自述右侧手脚麻痹。纲吉的身边被一团阴云包围。自此之后，纲吉为亲自看护母亲，日日前往三丸（『隆光僧正日記』第二）。

元禄地震

这世道总让人觉得哪里不对劲，朝廷政治似乎哪里出了问题，不久之后肯定有什么事情要发生，不，不可能不发生！

人们隐约预感到的那种情况发生了。

元禄十六年十一月二十三日夜八刻（凌晨二时前后），关东一带发生了大地震，据估算震级为7.8～8.2，为海沟间板块型地震，史称“元禄大地震”。

在密集居住着百万人口的江户，灾害造成的损失十分巨大，当时的记录这样描述了民间市井的实际状况：

> 屋脊和房梁掉落下来的巨响震动四方，江户城中所有房屋的房顶和天花板都坍塌下来，无一幸免。瓦片和其他位于高处的物件纷纷滚落，屋内的物品如水桶、米糠酱①桶之类全都翻倒在地，里面的东西都泼

① 将盐水等掺入米糠搅拌并使之发酵后做成的酱，用于腌制蔬菜。

洒出来。锅、碗、酒壶等东西互相碰撞，整个房子里叮叮当当、稀里哗啦连震带响。

即使跑到院子里也站不住脚，会摔倒在地。人们大声念诵着“南无妙法莲花经”、“阿弥陀佛”、观音经之类，整个江户城充满了妇女、儿童和老人大声哭喊“世界末日来了”的声音。

有人被掉落的物体当场砸死，受伤的人一眼看去就不知有几十人，被倒下的房子压死的人也很多。

（「元禄変異記」『東京市史稿』
变災篇第一所收）

当然，占了江户面积 66.4% 的武家地也遭受了巨大的损害。首先是江户城中的勘定所[①]、留守居与力番所[②]、二丸铜门、三丸仓房、红叶山下番所、内樱田门番所、大手腰挂[③]等全部倒塌，纲吉只身逃到院中。三丸的桂昌院也平安无事。到处都横七竖八地躺着死人和半死不活的人，伤者无数。和田仓、马场先、锻冶桥、数寄屋桥、山下、雉子桥、小石川、牛込、半藏、赤坂、四谷、平川

① 勘定奉行等办公之处。相当于财政部。

② “与力”为江户幕府职名，负责江户城的行政、警察和审判工作。“番所”即值班室、哨所。

③ 前城门随从休息室。

口、筋违桥、浅草桥、吴服桥、外樱田、西丸下、虎之门、日比谷等多处城门均损毁严重，江户城四周的石墙全部崩塌，多处城楼和围墙倒塌。

其他各处武家宅邸及寺院、神社的坍塌破损不计其数，惨状不胜枚举。地震还伴随着火灾，各处都着起火来。尤其是十一月二十九日发生的那场由小石川的水户藩邸失火引发的火灾，从本乡、下谷、浅草、本所进而蔓延到深川，持续燃烧了数日，直烧到十二月一日才总算被扑灭。关于受灾人数，据《徒目付千坂氏觉书》记载，单是上报到町奉行所的就有“三万二千名死者”。

一难才去一难又起，百姓们被接踵而至的地震和火灾吓得魂不附体，正在无头苍蝇般地四处逃窜时，又袭来了一场惨绝人寰的杀戮，正可谓是第三难：“各家的武士拔出长刀长枪，将挡在前面和互相推挤的人纷纷砍杀，只顾自己逃命”（「震火記」，来源同前书）的场面四处可见。

政治的潮流即将改变

在这场骚乱正盛时，新井白石匆忙赶到了当时德川纲丰（后来的第六代将军家宣）所在的樱田甲府藩邸。白石是一名政治家，后来成为家宣的侍讲（为贵人讲学的职务），对纲吉的政策展开了严厉的批判。

白石从自家所在的汤岛（现文京区）沿着神田明神、

昌平桥、神田桥一路飞奔，途中所经之处无一不是石墙崩塌、沙石乱飞。来到辰之口向樱田方向一望，远远看到藩邸冒出火光，又上气不接下气地急忙赶了四五町（500 米左右），终于到了藩邸。

> 从侧门进去一看，宅内建筑全都或倒或倾，人们都跑到了室外，挤得无法通行。好不容易从这里过去，到了御殿，从纳户口（家臣出入口）进去一瞧，间部诠房（后成为家宣的侧用人，老中格[①]）也来了。他告诉我纲丰没有受伤，但我还是坚决地说“这种时候便顾不得礼仪了”，便向纲丰平日的居室而去。却看到整个房间都倾斜得很厉害，纲丰也不见踪影。寻找了一番之后，发现他正由近侍护卫着站在院中。
>
> （『折れたく柴の記』[②] 上卷）

这并不单单是一则忠义故事。白石在地震那日的行动路线，与间部诠房的判断一样，都是在政治史的那个瞬间所应采取的最佳选择。

政治的潮流即将改变，无论如何都要保护好重要人物

---

① 即“与老中同等资格”。江户幕府职务名，在老中的定员以外参与政事者。

② 新井白石的自传。

纲丰大人的人身安全。白石的目光已然聚焦于纲吉之后的政权上，在各家大名和幕府官员中间，纲丰的声望也逐渐高涨。在紧急事态下究竟该去帮助谁？在面临这一最终选择时，本能的直觉往往是最准确的。

无稽之谈大肆流行

虽然发生了地震，但纲吉时代还在继续，并于翌年即元禄十七年（1704）三月十三日，借此黄道吉日改元“宝永”。当年三月幕府发布公告宣布：

> 关于去年冬天的地震，有人到处散布一些无稽之谈。虽然之前也已发布通告禁止，但至今仍未停止。
>
> 据闻近来还有人将其编成净琉璃和狂歌[①]到处散布，实在不成体统。今后各位名主[②]、家主也不得放松警惕，一旦发现此类人等，应立即将其绑缚、押送至值月警卫处。若隐瞒不报而有别人通报，则名主、家主、五人组[③]也一律视为有罪，从严惩处。特此严正通知。
>
> （『御触書寛保集成』#一六二六）

① 以滑稽、谐谑为宗旨的短歌。

② 相当于村长。

③ 江户时代强制建立的五户一组、互负连带责任的基层管辖制度。

既然出了这样的公告，而且还说“之前也已发布通告禁止”，看来社会上关于地震的传闻、妄断、臆测之类相当之多，大久保加贺守府的“鬼怪故事”之类便是其中一种。当中必然也有一些在天灾地祸之后常出现的、与批判昏君结合起来的天谴说，让纲吉与其身边的人都绷紧了神经。

基本属于看热闹性质的《鹦鹉笼中记》在地震当天的记载中半开玩笑地写道：“听说大树（将军）也已倾倒（遭灾祸而死），多半是瞎传的吧。”还说“一品夫人所住的三丸死了好多人，但政府对此发布了严厉的缄口令”。

纲吉去世

纲吉平素就是个极其害怕天灾地祸的人。他的这一性格特点甚至在传记中也有记载：“分外畏惧、在意天地的灾变，只要有一点怪事发生，便会立即从自己身上找原因，不断反省自己。贞享三年（1686）时，命林凤岗（林家[①]第三代）从古今中外的灾害事故中收集可资为君者借鉴警醒的事例，编辑成《两朝灾变考》一书，常备座右。”（『常憲院殿御実記』附録卷中）

而现在灾祸和不幸接二连三地发生，就像是对纲吉施以天谴一样。纲吉一族还未能从地震的重创中恢复过来，

---

① 江户幕府的儒官世家，始于林罗山。

又遭遇了一连串的不幸。

首先是宝永元年（1704）四月十二日，鹤姬去世。这样一来，将纪伊纲教作为将军世子、使纲吉的血脉在孙辈复活的可能性便没有了。这年的十二月五日，甲府宰相纲丰改名家宣，成为世子并移居江户城西丸。

翌年即宝永二年的六月二十二日，纲吉生母桂昌院去世。对于特别恋慕母亲，甚至被说成有恋母情结的纲吉来说，这定然是个巨大的打击。接下来在宝永四年十一月，富士山喷发，江户的大街小巷也落满了火山灰。继而在宝永五年三月八日，京都大火烧毁了皇宫，夏天天花、痢疾流行，冬天麻疹蔓延，简直就像天灾和人祸互相合谋交织而成的历史一样。

灾后重建所耗金额极其巨大。有人趁机发灾难财，趁着重建的机会大肆捞金，物价也上涨了。纲吉政权通过荻原重秀的货币改铸储备了相当数额的金银——据大田南畝《竹桥余笔》卷五抄录的数字，幕府铸出了新金银大判[①]共计六百二十四万二千四百余两，并将其中四百五十二万七千八百两收入了金库，一百七十一万四千六百余两用于市面流通（大野瑞男編『江户幕府財政史料集成』下卷所収）。但因元禄地震及其他各项救灾经费开支等，煞费

① 相当于十枚小金币。

苦心获得的改铸盈利也付诸东流了。在富士山喷发之后，重秀甚至还以“除灰费”（清除火山灰的经费）的名义向全体大名征收了四十八万八千七百余两。

此后纲吉一直生活在失意之中，过着惨淡的晚年生活，身体越来越差，自己也染上了麻疹，于宝永六年（1709）一月十日撒手人寰，享年六十四岁。也就是说，他的DNA只此一代便断绝了。而且世人对他的恶评在他死后仍不放过他，竟然坚称他的死因有可疑之处。

《东睿山通夜物语》

汇集了当时的打油诗和讽刺文的《宝梦录》中收录了《东睿山通夜[①]物语》这样一篇滑稽文章。

文章写的是纲吉死后尚未入土，众人在上野的宽永寺为其守灵时的情景。其生前的宠臣松平辉贞守在纲吉的灵柩旁不知不觉睡着了，梦中出现一群魔界人物，纷纷指责纲吉。原来是先于纲吉离世的第四代将军家纲、甲府宰相纲重、老中阿部正武等人。每个人都在指责纲吉生前所做的改铸货币、喜好男色、偏爱宠臣、皈依怪僧等种种弊政。正在这时，响起军士们震耳欲聋的呐喊声，随之出现的竟是四十七名赤穗浪士。

---

① 守灵。

一个看上去像是首领的人物上前说道：

你可知道这涌来的大批人马是谁？乃是浅野内匠头长矩麾下的四十七名士兵。我们早就期待这个时刻了，现在就请领受我们忍耐已久的仇恨之箭吧。（中略）之前那年的天地震动，乃是恶鬼们的手段。不仅如此，累积的仇恨之火还引燃了富士山，普降全国的火山灰也是不祥（纲吉病死）之兆。接着第二年夏天又是瘟疫流行、幼者丧命，全国上下为之烦恼痛苦。如此种种，无法用言语道尽。我们一直在等待这个时机来了却夙愿。

（『未刊随筆百種』第六所収）

由此可见，多年来彻底受够了纲吉统治的民众从纲吉的死中所感受到的解脱感，与赤穗事件给压抑的社会现状所带来的痛快感，必然在某些地方是相通的。当事件以赤穗浪士全体切腹这样一种黯淡的结局收场后，人们便把随后发生的天灾和不幸都与之挂钩。“亡魂地震”一词很好地浓缩了这一时期民众的集体感情。

事件虽已成往事

纲吉之后，甲府纲丰改名为家宣，继任第六代将军，却短命而终，只活到了正德二年（1712）十月。第七代将军之位由家宣年仅五岁的四子家继接任，但家继也于正德六年四月就夭折了，终年八岁。总而言之，江户幕府经历了五六年连续两代将军政治力薄弱的过渡期之后，出现了一个强有力的长期政权——第八代将军吉宗，江户时代迎来了新的政治局面。

家宣、家继时代致力于纠正上一代的弊政，如废除《生灵怜悯令》，罢免柳泽吉保，等等。其中尤其值得注目的当属新井白石的大显身手。

白石是个理想主义者，性格火暴，脾气执拗，甚至有个“火小子”的诨名。虽然敌人很多，但他还是执着地于正德二年罢免了勘定奉行荻原重秀。

白石终其一生都将重秀视为眼中钉。重秀是纲吉时代弊政的罪魁祸首。白石如愿将其流放之后（另一种说法是由于太憎恨他，将其关入监狱后令其自杀了），回收了之前大量铸造的元禄金银，铸造了与庆长金银相同的高成色的正德金银，试图以此来平息元禄通胀，结果却导致了以紧缩财政为中心的通货紧缩政策。

在此期间，亲身了解赤穗事件的那代人渐渐都离世了，但这一事件从未在日本民众的记忆中被抹去。

的确，作为一种生活在该时代的人的经历，作为史实，它可能是被忘却了。但作为一个话题，一种谈资，一段历史的隐喻，一则被永远追忆的故事，它流淌在人们的血液中，顽强地生存下来。官府的文献讨厌它，但就连讲释、谈义和法话[①]都爱将其作为题材。它在正史的世界中处于休眠状态，却蕴藏着随时都可苏醒的力量，蛰伏在集体想象力的最深处。

《假名手本忠臣藏》

到了18世纪中叶的江户宽延三年（1748）八月，人形净琉璃《假名手本忠臣藏》在大坂的竹本座首次公演，翌年即宽延二年又迅速被搬到京都、江户、大坂这三大都市的舞台上。在江户，森田座（二月）、市村座（五月）、中村座（六月）三家剧团竞相上演；在京都于中村松兵卫座（三月）、在大坂则稍晚一些于岚三五郎座上演，可谓盛况空前。以此公演为分界线，赤穗事件被移植到了"忠臣藏"的世界，实现了华丽的复活（八文字屋自笑「古今いろは評林」）。

从事件发端到此时，将近半个世纪的岁月已经过去。此时的人们对历史上的事件已经不再有切身的感受：内匠头为何会出现如此强烈的感情爆发，以致在殿中伤人？赤穗事件的导火索是什么？事情的原委虽然已经成谜，但对

① "讲释"为早期的讲谈；"谈义"和"法话"为佛教中的讲经说法。

于那一刻使内匠头不顾一切的懊恼、悔恨、愤怒的感情，我们确实是能够切身体会和感到共鸣的。

这是因为这些感情都是江户的，不，三大都市的，不不，是整个日本的无辜百姓们在日常生活中多多少少都有体会的。

戏棚子里的观众们看着这种感情在眼前的舞台上纯粹、猛烈、率性地爆发出来，为之疯狂；又看着反派在眼前受到报复，为之喝彩。这种痛快的释放感无疑正是人们潜意识中所渴望获得的东西。

在舞台上，第三幕“足利馆松之间”——自《假名手本忠臣藏》以来，忠臣藏戏剧大都假托《太平记》的故事展开，此处的“松之间”不消说指代的是江户城的松之廊下——临近结尾的部分正是戏剧的高潮。

在镶着护墙板的气势宏伟的长廊下，高师直（即吉良上野介）大肆折辱盐冶判官（即浅野内匠头），眼看着判官就要爆发了。

（判官忍无可忍。）

判官：方才开始的这些羞辱谩骂，您是发疯了吗？不，您是精神错乱了吧师直公！

师直：闭嘴，判官！对首席家老师直大人竟敢说什么精神错乱，真是一派胡言！一点也没错乱，是当真的！当真你又怎样呢？

（略）

判官：哼！

（作势欲拔刀。）

师直：这可是将军府！

[用中启[①]（在宫中等使用的扇子）敲判官。判官猛地要发作，硬是忍住了。师直狞笑，欲往舞台右侧而去。]

判官：师直，且慢！

（踩住其和服裙裤的下摆。）

（「赤穂義士劇集」

『日本戲曲全集』第十五巻所収）

这便是浅野内匠头终于忘了自己，忘了领地，也忘了家臣，跨过那无法回头的一条线的瞬间。从这里开始，读者们十分熟悉的忠臣藏大戏拉开了序幕。对于判官，日本民众不仅是同情，更对他内心的屈辱和愤怒感同身受，这种感情一直在民众中传递至今。

① 一种扇面较阔、扇骨上端向外翘的折扇，折起时上端仍呈半开状。

略长的后记
——21 世纪的忠臣藏

日本人与忠臣藏的交情源远流长。

至今“忠臣藏”一词似乎仍有特殊的语感。“时值元禄十五年十二月十四日，江户的夜风中激荡着的是山鹿派的战鼓声。一声、两声、三声……”每当听到讲谈师以手中折扇击节讲到这段便会反射性地热血沸腾、摩拳擦掌的那代人依然健在。但另一方面，对平成的年轻一代而言，赤穗浪士是一群恃强凌弱的恶人，仗着人多势众，将吉良上野介这个势单力孤的老人砍成了肉泥，让他们心中生起如同对恐怖主义者那样的排斥感，这也是现实。

不仅是在今天，便是在明治时期的日本，忠臣藏也不再以当时那种感觉被人们所理解。曾为胜海舟儿媳的克拉拉·惠特尼（Clara Whitney）写过一本日记，其中明治十一年（1878）十二月二日那天的记录中有一段看忠臣藏戏剧的记载。从《歌舞伎年表》来看，这天在喜升座（明治座的前身）上演了《忠臣藏十二时》。其舞台表演令人震惊，据克拉拉记述，在第三幕松之廊下持刀伤人的剧情中，竟然有高师直向盐冶判官脸上吐唾沫的场景。的确，歌舞伎中的高师直会被表演得十分可憎，但据我个人管见，还从未在剧场歌舞伎中看到过这样恶俗的表演，记录中也不会有吧。单是言语辱骂便会招致刀剑之灾——这对当时的观众来说已经是无法理解的了。

在此前后，明治政府为将忠臣藏打造成一出“忠君爱国”的剧目而采取了种种措施。首先是明治元年十一月，明治天皇派遣敕使前往四十七士墓地所在的泉岳寺祭奠亡魂。此外，为向欧美人普及忠臣藏的故事，还将其翻译成英语等多国语言。这一做法与民众层次上的心理解释之间的差距令人颇感有趣。

就这样，再没有其他历史事件能够如忠臣藏一般，让后世的人们做出如此多样的，有时甚至是完全相反的解释了。关于忠臣藏的评论不能以通常的方法来进行，但现在仍有无数人为之痴迷，由此看来忠臣藏似乎有种以海纳百川的方式打动人心的力量。

忠臣藏这一主题为何能如此长久地拨动日本人的心弦？忠臣藏是个矛盾的集合体，非常豁达地全盘包容了日本人头脑发热时常将互相矛盾的事物混在一处、缺乏一致性的这种精神特质。忠臣藏长期以来都是我们最纯粹的情感——朴素的正义感、决不容忍非正义行为的惩恶扬善主义精神、把必须做的事情做好的责任感、贯彻信念的荣誉感、忍受艰难困苦的忍耐精神等众多良性感情的源泉。

以往的各个时代均以各不相同的关注方式接受着这出人性的大戏，当代的日本应该也有着相应的忠臣藏形象。在人们对忠臣藏的接受上有个不可思议的特点，是其他事件中都无法见到的，那便是对它的接受已超出时代的范畴，不再将其作为某一时代的事件来解释，而是达到了对日本人的某种更高的、超越历史性的理解。

让我们将目光从当代转向江户时代，从平成转向元禄，从21世纪转向18世纪初叶的日本，从中浮现出的过去的视角与我们现在的视角之间已大体经过了三百二十年。但尽管如此，这个视野中所浮现出的社会景象却使人觉得仿佛再现了与现代相通的、令人熟悉的人世光景。

人们享受忠臣藏戏剧的历史，便是上述情况的绝妙的缩略图。实际发生的赤穗事件已被忘却，而以忠臣藏戏剧的形式频繁复活在文学、戏剧及各种文艺形式中。这意味着作为起点的“故事”在每一个新的时代都在以不同的形式被重新演绎。

那么成为其最初源头的事件所发生的元禄时代是个怎样的时代呢？

可以断言的一点是，它和我们所处的现代一样，是个“银子生银子的世道”（『西鶴織留』卷六）——货币经济时代。井原西鹤写下这句话时是元禄六年（1693）。元禄是货币经济从单纯的商品经济中脱胎出来并逐渐开始支配全社会的发端时期，而现代则是货币经济前景莫测的时代，黑暗中的每个人都老于世故、老奸巨猾、老谋深算——不管怎么形容，总之都担心自己不够成熟。不论开端也好，成熟也罢，可以说二者都是日本源远流长的货币经济长河中一个特定的局面。货币经济经历了三百多年缓慢发展至今，我从这一过程中渐渐看到了支配人们生活的机制的本质。

西鹤在前面那句话之后接着说道，“是拥有本钱的人获得收益的时代”。财富召唤财富，有钱（金银）的人能靠它获得收益。在全球化的当代，人们随着股价的涨跌时喜时忧，将生活的好坏押在利率的增减上，贫富差距不可逆转地固定下来。这与元禄这个“银子生银子的世道”可以说是一脉相通的。

最近引起人们广泛关注的贫富差距最早被人们清楚地意识到，便是在元禄时期。现代日本则是这一差距发展的终极阶段，变成了一个用钱来生钱的人比单纯赚钱的人更能获利的时代。但自古以来生活在货币统治之下的人们自己未必能看清这样一种社会机制。元禄时期也有许多人被无声地操纵着社会的货币的魔力摆布得手忙脚乱，忠臣藏戏剧中人物的各种悲喜剧亦由此而生。

元禄是德川家称霸天下、社会逐渐安定下来的时期。在这一时期，货币的统治尚未遍及闭关锁国的日本全境，国际贸易的高潮也被勉强阻拦在长崎出岛这一处地方。这一时期人们开始意识到，金钱并不只是谋利的目标，反而具有支配世人的力量。人们尚未搞懂所有事实的意义，有人企图一夜暴富，有人破产流落街头，遭到货币的种种摆布。最终世界市场的浪涛席卷了日本，带来了明治维新和近代日本，不过这是两百年以后的事情了。

第五代将军纲吉懂得如何挥霍金钱，却不知道用改铸货币积聚起来的金银作为本钱来获取利润；浅野内匠头不知道自家藩内的食盐专卖可以积聚起商业资本；吉良上野介明白贿赂是使社会惯例顺畅运作的机制，却不了解其缘由所在；大石内藏助等赤穗浪士为封建社会中被视为最高准则的道义殉了葬；梶川与惣兵卫之所以会拦住内匠头，也完全只是为认真履行自己的职责。没有人知道，用看不见的手在操纵着他们的，是货币经济的巧妙机关。

从镜头中看忠臣藏，不单单能够看到元禄时期这段逝去的历史中的一幕，还能正视栖息在日本时间长河中的历史精灵。我们凝视元禄人，于是，元禄的死者们也猛地向我们看过来。他们的目光定能穿透我们身在其中反而看不到的死角，清清楚楚地照亮现代的迷宫吧。

笔者与忠臣藏打交道也颇有些年头了。回想起来，《忠臣藏——赤穗事件·史实的呐喊》作为“筑摩新书”中的一册问世是在距今二十多年前的平成六年（1994），已是上个世纪的事了。从那之后，这一事件始终盘桓在我脑海中，每逢社会出现大的变故，便会被某种新的光芒所照亮。对神户和东北等处地震的直接或间接经历，使我想到它们与赤穗事件及元禄地震之间的关系；最近，社会不稳定状况的加剧成为采取“自力救济”（self－help）行为的法律依据，这也促使我从另一个角度探讨了赤穗事件（参见『忠臣蔵まで——「喧嘩」から見た日本人』講談社、2013年）。

本书在执笔过程中，除必需的、不可或缺的基础性事实外，尽最大努力避免重复记述。

在此呈献给诸位读者的《花之忠臣藏》若能为现有的忠臣藏文学谱系增添一些新元素，于笔者则为望外之幸。最后，对为本书的刊行呕心沥血、不辞辛苦的讲谈社第一事业局学艺部横山建城先生致以衷心的谢意。

主要参考文献

◎基础资料

・『赤穂義人纂書』第一・第二・補遺（第三）（鍋田晶山編、明治四十三～四十四年、国書刊行会）

第一 『多門伝八郎筆記』『堀内伝右衛門覚書』『浅吉一乱記』

第二 『赤穂浪人御預之記　毛利家記録』『赤水郷談』『松平隠岐守殿（毛利）御預け一件』『異説区々』「桑名藩所伝覚書」「水野家監物、浅野義士御預古文書」「三島氏随筆」『介石記』『赤穂鐘秀記』『赤穂城引渡一件』

補遺（第三）　『波賀清大夫覚書』『白明話録』『評定所一座存寄書』、荻生徂徠『徂徠擬律書』、大高子葉『丁丑記行』、『浅野内匠頭宿割帳』

『江赤見聞記』『忠誠後鑑録』『大熊弥一右衛門見聞書』

・『赤穂義士史料』上・中・下（中央義士会編、昭和六年、雄山閣）

上 『赤穂城引渡覚書（岡島常樹覚書）』『波賀朝栄聞書』『米沢塩井家覚書』

中 『細川家御預始末記』『熊本細川家譜』『久松家赤穂御預人始末記』『水野家御預記録』『諏訪家御用状留帳』『津軽大石家由緒書』『顕妙公済美録』『浅野長矩伝』（『冷光君御伝記』）

下 『義士関係書状』『易水連袂録』

・『忠臣蔵』第三巻（赤穂市総務部市史編さん室編、昭和六十二年、兵庫県赤穂市）

『梶川氏日記』「浅野赤穂藩藩札処理記録」「広島藩浅野氏使者の報告書状」「岡山藩忍の報告」「大垣藩戸田氏播州赤穂一巻覚書」『堀部武庸筆記』『堀部金丸覚書』『寺坂信行自記』『大石良雄金銀請払帳』『冨森助右衛門筆記』『吉良本所屋敷検使一件』『野本忠左衛門見聞書』、「義士実録」「浅野様御家来九人御預り一件」「長府藩預り義士一件」

「赤穂御預人始末」『上杉綱憲年譜』『桑名藩所伝覚書』『本所敵討』

◎其他参考资料、著作、论文

（按章归纳/按照作者名・文献名发音的五十音图顺序）

■第一章

大塚久雄『株式会社発生史論』（有斐閣、一九三八年）

大野瑞男『江戸幕府財政史論』（吉川弘文館、一九九六年）

ケンペル『江戸参府旅行日記』（斎藤信訳、平凡社東洋文庫、一九七七年）

ケンペル『新版　改訂・増補　日本誌』（今井正編訳、霞ヶ関出版社、二〇〇一年）

山東京伝「近世奇蹟考」（『近古文芸温知叢書』第八編、博文館、一八九一年）

篠田達明『徳川将軍家十五代のカルテ』（新潮新書、二〇〇五年）

竹内誠『元禄人間模様』（角川選書、二〇〇〇年）

立川昭二『病気の社会史』（日本放送出版協会、一

九七一年）

東武野史『三王外記』（『翁草』巻129～130所収）

永積昭『オランダ東インド会社』（近藤出版社、一九七一年）

中山太郎『売笑三千年史』（中山太郎歴史民俗シリーズ5）（パルトス社、一九八四年）

廣山堯道『塩の日本史』（雄山閣出版、一九九〇年）

廣山堯道編著『赤穂塩業史』（赤穂市、一九六八年）

フェルナン・ブローデル『物質文明・経済・資本主義15－18世紀Ⅱ—1（交換のはたらき1）』（村上光彦訳・みすず書房、一九八六年）

松浦静山『甲子夜話　続編1』（中村幸彦・中野三敏校訂、平凡社東洋文庫、一九七九年）

村井淳志『勘定奉行萩原重秀の生涯』（集英社新書、二〇〇七年）

『江戸真砂六十帖』（『燕石十種』第四巻所収、中央公論社、一九七九年）

『土芥寇讎記』（金井円校注、新人物往来社、一九八五年）

■第二章

神沢杜口『翁草』（日本随筆大成第3期22巻103～132、吉川弘文館、一九七八年）

『旧条記』（石川県図書館協会、一九三三年）

『元正間記』写本二十巻（国会図書館蔵）

『沾徳随筆』（俳書叢刊第4巻、天理図書館綿屋文庫編、臨川書店、一九八八年）

『俳家奇人談』（岩波文庫『俳家奇人談・続俳家奇人談』所収、一九八七年）

『墨水消夏録』（『燕石十種』第一所収、国書刊行会、一九〇七年）

■第三章

草間直方『三貨図彙』（文献出版、一九七八年）

立川昭二『病気の社会史』（日本放送出版協会、一九七一年）

室鳩巣『赤穂義人録』（日本思想大系27『近世武家思想』所収、岩波書店、一九七四年）

『元禄世間咄風聞集』（長谷川強校注、岩波文庫、一九九四年）

『徳川禁令考』別巻（法制史学会編・石井良助校訂、創文社、一九六一年）

■第四章

内海定治郎『真説赤穂義士録』（博美社、一九三三年）

桜井芳昭『駕籠』（ものと人間の社会史 141、法政大学出版局、二〇〇七年）

本居宣長「赤穂義士伝」（『本居宣長全集』第二十巻所収、筑摩書房、一九七五年）

山本博文『「忠臣蔵」の決算書』（新潮新書、二〇一二年）

『赤穂義士実纂』（斎藤茂編、赤穂義士実纂頒布会、一九七五年）

神沢杜口『翁草』（日本随筆大成第 3 期 22 巻 103 ~ 132、吉川弘文館、一九七八年）』

■第五章

片島深渕『赤城義臣伝』（日吉丸書房、一九〇九年）

■第六章

醍醐恵端『赤穂不義士の戸籍調べ』（二松堂書店、一九二〇年）

中沢弁次郎『日本米価変動史』（柏書房、二〇〇一年）

山崎美成『赤穂義士一夕話』（帝国文庫第三十五編、博文館、一八九六年）

「赤穂義士銘々伝」類書多し、一例を挙げれば、桃川如燕「赤穂義士銘々伝」シリーズ（浪上義三郎速記、国民義勇学会、一九一二年）

『常憲院殿御実記』(『徳川実記』吉川弘文館、一九二九～一九六四年の第六篇)

『東京市史稿』市街篇第十四（東京都公文書館刊行物、一九三二年）

■第七、八章

福本日南『元禄快挙録』(明治文学全集90、筑摩書房、一九七二年)

渡辺世祐『正史赤穂義士』（井筒調策校訂、光和堂、一九九八年)

『佐藤条右衛門覚書』（冨澤信明『赤穂義士討入り従軍記』所収、中央義士会、二〇一三年)

『隆光僧正日記』第二（続群書類従完成会、一九七〇年)

■第九章

千葉徳爾『たたかいの原像　民俗としての武士道』

(平凡社選書、一九九一年)

八文字屋自笑「古今いろは評林」(『新群書類従』第三所収、国書刊行会、一九〇九年)

『未刊随筆百種』第六(三田村鳶魚編、中央公論社、一九七七年)

「柳沢家秘蔵実記」(『列侯深秘録』所収、国書刊行会、一九二四年)

文献索引

か行

さ行

た行

な行

は行

ま行

や行

ら行

人名索引

＊大名、旗本等按实名列出，括号内为其官位及通称；赤穗浪士（义士）等各藩武士按通称列出，括号内为其实名及俳号。

か行

た行

な行

は行

ま行

や行

ら行

わ行

图书在版编目(CIP)数据

花之忠臣藏 /(日)野口武彦著;张秀梅译. -- 北京:社会科学文献出版社,2019.10
ISBN 978-7-5201-5189-4

Ⅰ.①花… Ⅱ.①野… ②张… Ⅲ.①历史事件-日本-江户时代 Ⅳ.①K313.36

中国版本图书馆 CIP 数据核字(2019)第 151810 号

花之忠臣藏

著　　者 / [日]野口武彦
译　　者 / 张秀梅

出 版 人 / 谢寿光
责任编辑 / 沈　艺
文稿编辑 / 顾明源

出　　版 / 社会科学文献出版社·甲骨文工作室(分社)(010)59366432
地址:北京市北三环中路甲 29 号院华龙大厦　邮编:100029
网址:www.ssap.com.cn
发　　行 / 市场营销中心(010)59367081　59367083
印　　装 / 三河市东方印刷有限公司

规　　格 / 开　本:889mm×1194mm　1/32
印　张:11.75　字　数:242 千字
版　　次 / 2019 年 10 月第 1 版　2019 年 10 月第 1 次印刷
书　　号 / ISBN 978-7-5201-5189-4
著作权合同登记号 / 图字 01-2019-2684 号
定　　价 / 66.00 元